D1674885

Patrick Erni
Der Fünf-Punkte-Plan zum Erfolg

Patrick Erni

Der Fünf-Punkte-Plan zum Erfolg

Ziele formulieren und erreichen

Brunner Verlag Kriens

Impressum

Text
Patrick Erni, Sursee

Layout und Koordination Herstellung
Brunner Medien AG, Kriens, www.bag.ch

www.brunner-verlag.ch
978-3-03727-071-4

Inhaltsverzeichnis

Über dieses Buch

Was Sie hier erwartet

Dieses Buch zeigt Ihnen auf, was Sie tun können, um Ihre Ziele zu erreichen. Alle wichtigen Schritte werden in den entsprechenden Kapiteln jeweils unter dem Stichwort «Aktion» erklärt. Mit jeder Aktion, die Sie durchführen, nimmt die Wahrscheinlichkeit zu, dass Sie Ihre Ziele erreichen. Erledigen Sie alle Aktionen gewissenhaft, addieren sich die Wahrscheinlichkeiten. So bündeln Sie all Ihre Kräfte auf einen Punkt hin und bewegen sich unaufhaltsam auf Ihr Ziel zu.

Das Ausführen sämtlicher Aktionen zur Zielerreichung beschert einiges an Arbeit – von nichts kommt halt nichts. Der eine oder andere Leser wird wohl auf die Idee kommen, Abkürzungen vorzunehmen. Dazu ein paar Hinweise:

Ich rate dringend davon ab, die Aktionen nur im Kopf durchzuführen – ich habe die Aktionen nicht umsonst so genannt. Das absolute Minimum bei allen Aktionen ist, dass Sie Ihre Gedanken dazu schriftlich festhalten. Machen Sie das ruhig effizient: Benutzen Sie Stichworte oder auch mal eine Skizze. Eine gute Unterstützung ist auch immer das Besprechen Ihrer Ideen mit jemandem, der Ihnen und Ihrem Projekt wohlgesinnt ist. Bewahren Sie Stillschweigen gegenüber Personen, die Ihnen oder Ihrem Projekt ablehnend gegenüberstehen. Dieses Stillschweigen bezieht sich auf Ihr Ziel, nicht auf das ganze Leben – reden Sie mit diesen Personen, worüber Sie wollen – oder müssen –, aber nicht über Ihr Ziel.

Unter Umständen können Sie einzelne Aktionen weglassen, ohne dass Ihr Projekt dadurch Schaden nimmt. Insbesondere die Checkliste zur Zielbeschreibung ist auf Vollständigkeit hin angelegt, das heisst, wenn Sie nach dieser Checkliste vorgehen, haben Sie garantiert alles beachtet, was relevant sein könnte. Je nach Art Ihres Ziels können sich aber einige Punkte dieser Checkliste erübrigen. Sie werden selber erkennen, was für Ihr Projekt wichtig ist und was nicht.

Ich empfehle Ihnen, die Aktionen im ersten Kapitel in jedem Fall auszuführen. Sie bilden das Fundament, auf dem alles weitere aufbauen wird. Bedenken Sie, dass jede Aktion ein Baustein ist, der zur Errichtung des Gebäudes beiträgt. Im Zweifelsfall leisten Sie besser eine vielleicht überflüssige Arbeit, als dass Sie das ganze Projekt gefährden.

Es ist eine gute Idee, das ganze Buch erst einmal durchzulesen, um einen Überblick zu bekommen. Selbstverständlich können Sie auch gleich loslegen und sofort in Aktion treten. Nur durchlesen und nichts tun geht natürlich auch – so gewinnen Sie einen Eindruck, wie es so wäre, wenn man denn würde ...

Aus der Praxis – für die Praxis

Wenn ich mich richtig erinnere, habe ich die in diesem Buch enthaltenen Strategien das erste Mal angewendet, als ich mich entschieden hatte, ein Studium am Konservatorium mit Klavier im Hauptfach zu beginnen – das war im Alter von etwa 19 Jahren. Damals hätte ich energisch behauptet, dass ich keine bestimmten Strategien anwenden würde und dass

ich sowieso keine Ahnung hätte von irgendwelchen Strategien – und hätte mir jemand davon erzählen wollen, hätte ich
kaum zugehört.

Trotzdem wunderte ich mich in den Jahren danach, wie ich
dieses Ziel hatte erreichen können – die Umstände waren
nämlich so, dass dies ein praktisch unmöglich zu erreichen-
des Ziel war: Ich habe mit 17 Jahren begonnen, Klavierunterricht zu nehmen, die Aufnahmeprüfung für das Konservatorium habe ich mit 20 Jahren angetreten – nach nur drei Jahren
Unterricht. Meine Mitbewerber hatten alle mindestens sechs
bis acht Jahre Klavierunterricht hinter sich – die meisten hatten bereits im Vorschulalter begonnen, Klavier zu spielen,
und waren im Lauf ihrer Schulzeit auf verschiedene Arten ge-
fördert worden. Zum Glück hatte ich davon keine Ahnung!

Bei dieser Aufnahmeprüfung rasselte ich glorios durch – womit für mich klar war, dass ich im folgenden Jahr doppelt so
hart an mir arbeiten würde, um die Aufnahmeprüfung ein
Jahr später bestehen zu können. Eine Alternative zu diesem
Vorgehen wäre mir im Traum nicht eingefallen, und ich denke, meine Hartnäckigkeit war einer der Hauptgründe, warum
ich beim zweiten Anlauf zum Studium zugelassen wurde. Ich
erinnere mich, dass ich am Schluss des praktischen Vorspiels
der Aufnahmeprüfung vom Direktor gefragt wurde, was ich
denn machen würde, wenn ich jetzt ein zweites Mal durchfal-
len würde. Ich antwortete ihm, dass ich dann auf dem Sekre-
tariat des Konservatoriums abklären würde, ob die Bestim-
mungen einen dritten Anlauf erlauben. Der Direktor und die
Experten reagierten mit einem Schmunzeln. Heute schmunz-
le ich auch.

Im Nachhinein erkenne ich die Muster, die zu diesem Erfolg geführt haben. Diverse Aus- und Weiterbildungen, das Lesen unzähliger Bücher und viel Nachdenken haben es mir mit der Zeit ermöglicht, die hinter solchen Erfolgen stehenden Gesetzmässigkeiten zu formulieren. Seither verwende ich diese Erkenntnisse in meinen Coachings, Trainings und Beratungen – mit hervorragenden Resultaten.

Der Fünf-Punkte-Plan

Der Fünf-Punkte-Plan entstand aus der Erkenntnis, dass das Bearbeiten nur eines Aspekts des Menschseins häufig nicht genügt, um Veränderungen anzustossen. Am effektivsten ist dasjenige Vorgehen, das alle vorhandenen Kräfte bündelt und in eine eindeutige Richtung vorstossen lässt. Aus dieser Grundidee haben sich fünf Aspekte herauskristallisiert, die ich in ihrer Gesamtheit als Fünf-Punkte-Plan bezeichne:

1. Bewusstwerdung
2. Planung
3. Gedanken und Emotionen
4. Kommunikation
5. Tun

Ihr Bewusstsein ist der Schlüssel

Stellen Sie sich vor, Sie hätten ein Gerät, das Ihre Ziele zur Realisierung bringt – Sie brauchten es bloss einzuschalten. Wäre das nicht wunderbar? Nun, Sie sind bereits im Besitz eines solchen Geräts – und Sie verwenden es schon die ganze Zeit! Wenn Sie nun einwenden, dass sich in Ihrem Leben bisher nur einige, aber nicht alle Ihre Ziele verwirklicht haben, dann liegt das daran, dass Sie bisher das Gerät nicht gezielt eingesetzt haben. Das ändert sich jetzt!

Das «Gerät» zur Zielerreichung ist Ihr Bewusstsein. Das menschliche Bewusstsein hat die Fähigkeit,

- sich selber zu beinhalten (→ Selbstbewusstsein),
- Gedanken und Emotionen zu transformieren,
- gemeinsam mit der Umwelt das eigene Leben zu gestalten.

Ich gebe im Folgenden einen kurzen Überblick über diese drei Grundfunktionen des Bewusstseins – dies ist die Beschreibung der Funktionsweise des «Geräts». Danach folgt der Fünf-Punkte-Plan – dieser ist dann die Gebrauchsanweisung und erklärt, wie man das «Gerät» bedienen muss.

Selbstbewusstsein

Selbstbewusstsein bedeutet: Sie sind sich bewusst, dass Sie existieren. Selbstbewusstsein beinhaltet aber noch mehr, denn sobald Sie sich bewusst sind, dass etwas existiert, haben Sie von diesem Etwas auch irgendeine Vorstellung – meistens ein Bild, wie eine innere Fotografie. Bei manchen Dingen ist das Bild diffus und verschwommen, bei anderen gestochen scharf. Ein präzises, scharfes Bild ist eine viel stärkere Vorlage als ein verschwommenes – das scharfe Bild zeigt die Details, das verschwommene nicht.

Bevor Sie beginnen, sich von Ihren Zielen scharfe – und damit starke – Bilder zu machen, brauchen Sie zwingend ein scharfes, starkes Bild von sich selbst. Sie brauchen ein scharfes, starkes Bild von dem Gerät, das zur Zielerreichung führen soll, nur so können Sie es richtig bedienen. Sie könnten nicht einmal einen Staubsauger einschalten, hätten Sie nicht ein präzises Bild des Staubsaugers und davon, wo sich der Einschaltknopf befindet. Verschaffen Sie sich daher als Erstes ein präzises Bild von sich selber.

> **Aktion 1**
> → Was sind Sie für ein Mensch? Was ist Ihnen wichtig?
> → Was wollen Sie unbedingt einmal getan haben in Ihrem Leben?

Transformation von Gedanken und Emotionen

Es gibt Gedanken und Emotionen, die zur Erreichung von Zielen nützlich sind, und es gibt Gedanken und Emotionen, die das Erreichen von Zielen behindern, manchmal sogar unmöglich machen. Glücklicherweise kann das menschliche Be-

wusstsein sowohl Gedanken als auch Emotionen transformieren, das heisst verändern. Sie können also behindernde
Gedanken und Emotionen umwandeln in nützliche. Wie Sie
das bewerkstelligen, erfahren Sie im ersten Punkt des Fünf-
Punkte-Plans: Bewusstwerdung.

Hier geht es erst einmal darum, Inventur zu machen: Welche
nützlichen und welche behindernden Gedanken und Emotionen spielen eine Rolle in Ihrem Leben?

Aktion 2

→ Welche **behindernden Gedanken,** die Sie schon gedacht
haben oder sogar öfters denken, kommen Ihnen in den
Sinn?

→ Welche **behindernden Emotionen,** die Sie schon empfunden haben oder sogar öfters empfinden, kommen Ihnen in
den Sinn?

→ Welche **nützlichen Gedanken,** die Sie schon gedacht haben
oder sogar öfters denken, kommen Ihnen in den Sinn?

→ Welche **nützlichen Emotionen,** die Sie schon empfunden
haben oder sogar öfters empfinden, kommen Ihnen in den
Sinn?

Gestaltung Ihres persönlichen Lebenskosmos

Gedanken und Emotionen wohnt immer eine Tendenz inne,
sich zu verwirklichen. Je konzentrierter Ihr Bewusstsein sich
auf einen Gedanken richtet, desto eher gelangt dieser zur
Verwirklichung. Wenn Sie auf Ihr Leben zurückblicken, finden

Sie unzählige Beispiele dafür. Sie werden allerdings auch Beispiele finden, die sich nicht verwirklicht haben, obwohl Sie intensiv daran gedacht hatten. Das sind «falsche Fährten» – Scheinziele, die Ihnen glanzvoll erscheinen, aber nicht zu Ihnen passen und Sie in grosses Unglück stürzen würden. Es gibt Scheinziele, die in ganzen Kulturen und Nationen auftreten – in unseren Gefilden zum Beispiel der Wunsch nach einem Lottogewinn.

Kommen Sie mit einem Armutsbewusstsein zu sehr viel Geld, so wird Ihr Bewusstsein dafür sorgen, dass Sie eine ausgleichende Gegenbewegung zu diesem Zahlungseingang erfahren. Dies ist der Grund, warum so viele Lottomillionäre nach kurzer Zeit mit einem Haufen Schulden dastehen.

Nehmen Sie einem Menschen mit Millionärsbewusstsein das Geld weg, beginnt sich sofort ein neues Vermögen zu bilden. Geben Sie einem Menschen mit Armutsbewusstsein viel Geld, versickert das Geld, ohne einen Nutzen zu generieren.

Kurz: Geldprobleme lassen sich nie mit Geld lösen. Wie bei allen Arten von Problemen hängt es von Ihrem Bewusstsein ab, wie der weitere Verlauf Ihres Lebens aussieht.

Aktion 3

→ Blicken Sie auf Ihr bisheriges Leben zurück: Welche Ihrer Wünsche und Ziele haben sich verwirklicht, welche nicht?

→ Sehen Sie da Zusammenhänge? Was haben die verwirklichten Wünsche und Ziele gemeinsam? Was haben die nicht verwirklichten Wünsche und Ziele gemeinsam?

Punkt 1: Bewusstwerdung

Ziele finden

Vielleicht haben Sie noch gar keine Ziele? Dann wird es Zeit, welche zu finden!

Jeder Mensch ist auf seinem Lebensweg unterwegs irgendwohin. Entweder Sie haben ein Ziel für Ihr Unterwegssein, dann wissen Sie, wohin es geht, oder Sie haben kein Ziel, dann wissen Sie nicht, wohin es geht – und wer weiss, ob es Ihnen dort gefallen wird, wo Sie dann stranden ...

Ich zeige Ihnen im Folgenden ein paar Möglichkeiten, wie Sie Ihre Ziele finden können, sollten Sie noch keine haben. Benutzen Sie diejenige Technik, die Ihnen am besten gefällt. Genügt Ihnen das Resultat nicht, benutzen Sie auch die anderen Techniken.

Aktion 4
→ Ziele finden mit folgenden Methoden:

Drei Listen
Erstellen Sie zwei Listen, in denen Sie in Stichworten festhalten:
• Was können Sie gut?
• Was tun Sie gerne?
Nun bilden Sie eine dritte Liste mit all denjenigen Punkten, die auf beiden Listen stehen. Das sind diejenigen Dinge, die Sie gerne tun und auch gut können. Wenden Sie auf diese dritte Liste allfällige weitere Kriterien an. Soll Ihre Zielerreichung

zum Beispiel das Geldverdienen beinhalten, so streichen Sie alles, was kein Geld einbringt. Von den übriggebliebenen Stichworten wählen Sie nun aus, was Sie am liebsten tun oder was Ihnen am wichtigsten ist.

Der ideale Tag

Schreiben Sie einen Aufsatz mit dem Titel «Mein idealer Tag». Beschreiben Sie Ihren Idealtag vom Moment des Aufwachens bis Sie wieder zu Bett gehen. Beschreiben Sie alles so detailliert wie möglich: was, wo, wie, mit wem, wie lange, warum, warum so und nicht anders, zu welchem Zweck.

Tipp: Beschränken Sie sich nicht auf das was möglich ist, sondern erlauben Sie sich alles, was für Sie ideal ist. Wenn es für Sie ideal ist, auf dem Himalaja mit dem Dalai Lama zu frühstücken und nach dem Frühstück in New York ein Unternehmen zu leiten, dann beschreiben Sie das so. Erst wenn Sie fertig sind, filtern Sie das Unmögliche und übersetzen es ins Machbare durch Anwenden der Frage: Was ist der Wunsch, der dahintersteckt?

Kindheitsträume

Was wollten Sie werden, als Sie klein waren? Was waren Ihre Beweggründe, was hat Sie fasziniert? Welche dieser Faszinationen haben Sie heute noch? Leben Sie diese Faszination? Wenn nein, wie könnten Sie das tun?

Meditation

Setzen Sie sich hin, tun Sie nichts, denken Sie an nichts Bestimmtes. Beobachten Sie, wie Ihre Gedanken vorbeiziehen, so

wie Wolken am Himmel. Viele dieser Gedanken werden Alltags-
angelegenheiten sein. Wenn Sie sich genug Zeit lassen, wird
nach und nach auch die eine oder andere Inspiration aufblitzen.

Je nachdem wie Sie veranlagt sind, gelingt dies besser im Sitzen,
im Liegen, während des Joggens, Schwimmens, Radfahrens, zu
Hause im Wohnzimmer, draussen in der Natur, in der Stille, bei
Musik, im Gespräch …

Freunde fragen

Dies ist verwandt mit der Technik «Drei Listen». Anstatt selber
vor sich hin zu brüten, fragen Sie Ihre Freunde, was diese denken, was Sie gut können und was Sie wohl gerne tun.

Selbstverständlich können Sie Ihre Freunde auch um Vor-
schläge bitten, was Ihre Ziele sein könnten. Beachten Sie aber,
dass die meisten Menschen bei der Beantwortung dieser Frage ihre eigenen Zielvorstellungen mit hineinmischen. Von daher empfiehlt es sich, primär bei den Listenfragen zu bleiben:
Was tun Sie gerne, was können Sie gut?

Erfolgsbilanz

Was haben Sie schon alles erreicht in Ihrem Leben? Listen Sie
alles auf, was Ihnen in den Sinn kommt, auch scheinbar Selbst-
verständliches. Gehen Sie mit dieser Liste kreativ um: Was
sind Gemeinsamkeiten Ihrer Erfolge? Welche Art von Erfolg
würde auch noch auf diese Liste passen? Wenn Sie jetzt einfach weiterschreiben an der Liste – was kommt da noch?

Echte Ziele – Scheinziele

Im Laufe Ihres Lebens haben Sie unzählige Vorstellungen über sich selber und Ihr Leben entwickelt. Einige dieser Vorstellungen stammen aus Ihrem eigenen Sein, Ihrem persönlichen Urgrund. Andere wurden Ihnen anerzogen. Wieder andere haben Sie nach und nach entworfen, in «Zusammenarbeit» mit Ihren Erfahrungen und Ihrer Umwelt.

Vorstellungen	Beispiel
aus Ihrem eigenen Sein	Picasso ist als Maler auf die Welt gekommen
anerzogen, antrainiert	Benimm-Regeln, Höflichkeit
im Lauf des Lebens entworfen	Karrierewünsche

Aus allen drei Vorstellungsquellen können Ziele entstehen. Bei der ersten Kategorie, Vorstellungen aus Ihrem eigenen Sein, können Sie nichts falsch machen – Sie brauchen nur dafür zu sorgen, dass Sie auch leben können, was in Ihnen steckt. Diese Vorstellungen haben zudem die spezielle Eigenschaft, dass sie von Beginn weg gestochen scharf und damit enorm stark sind.

Problematisch können Vorstellungen – und damit verbundene Ziele – der beiden anderen Kategorien sein, und zwar immer dann, wenn eine Vorstellung / ein Ziel nicht Ihrem ureigenen Sein entspricht. Diese Ziele bezeichne ich als Scheinziele. Das sind Dinge, die Sie meinen, erreichen zu wollen, die Ihrer Persönlichkeit aber überhaupt nicht entsprechen. Stellen Sie sich vor, Picasso hätte das Ziel verfolgt, Präsident der Nationalbank zu werden – ein unglückliches Leben wäre vorprogrammiert gewesen.

Manches echte Ziel sieht am Anfang nicht wirklich attraktiv aus – zu Hause im Kämmerlein malen und Skulpturen schaffen, ohne zu wissen, ob man je etwas daran verdient, ist nicht gerade ein tolle Aussicht. Aber: Echte Ziele führen langfristig immer zum Erfolg. Und umgekehrt gilt: Scheinziele führen immer ins Unglück.

Aktion 5

→ Stellen Sie sich vor, Sie hätten Ihr Ziel erreicht: Was tun Sie? Wo werden Sie sein? Was für Menschen sind da mit dabei? Wie geht es Ihnen dabei? Sind Sie glücklich? Nehmen Sie sich genügend Zeit dafür und gehen Sie richtig in diese Phantasie rein. Bleibt Ihre Vorstellung des Ziels freudig und erstrebenswert, auch wenn Sie länger darin verweilen, so handelt es sich um ein echtes Ziel. Wird Ihnen mit der Zeit mulmig oder kommen Ihnen nach und nach immer mehr Gründe in den Sinn, warum die Zielerreichung keine gute Idee ist, so handelt es sich um ein Scheinziel.

Wenn Sie sich schwertun mit der Entscheidung, ob es sich bei einem Ziel um ein Scheinziel oder ein echtes Ziel handelt, so behandeln Sie das Ziel wie ein echtes Ziel. Kümmern Sie sich darum, dieses Ziel zu erreichen – spätestens wenn Sie es erreicht haben, werden Sie schlauer sein. Die gute Nachricht ist: Scheinziele geben sich meistens ziemlich früh als solche zu erkennen, wenn Sie einmal ernsthaft an der Verwirklichung zu arbeiten beginnen.

Seien Sie misstrauisch bei Zielen, die Sie schon seit Jahren und Jahrzehnten mit sich herumtragen, ohne sich je um deren Verwirklichung gekümmert zu haben. Es ist natürlich möglich, dass der Zeitpunkt einfach noch nicht der richtige war, aber es ist auch möglich, dass ein Teil von Ihnen schon immer gewusst hat, dass es sich um ein Scheinziel handelt, und dass Sie deshalb nie etwas zur Erreichung dieses Ziels unternommen haben.

Transformation von Gedanken und Emotionen

Im ersten Kapitel haben Sie Listen erstellt mit nützlichen und behindernden Gedanken und Emotionen. Werfen Sie einen Blick auf die nützlichen und machen Sie sich ein Bild davon, was das für ein Mensch ist, der genau diese Gedanken und Emotionen nützlich findet. Nehmen Sie wahr, wie es sich anfühlt, ein Mensch zu sein, bei dem all diese nützlichen Gedanken und Emotionen sehr stark präsent sind – diesen Menschen beziehungsweise die Vorstellung von diesem Menschen nenne ich die Positiv-Vorlage.

Nun knöpfen Sie sich einen Punkt der behindernden Gedanken und Emotionen vor. Fühlen und sehen Sie sich selber als Positiv-Vorlage und pflanzen Sie den einen Negativ-Punkt in die Vorlage ein, wie einen Samen in die Erde. Achten Sie darauf, was jetzt mit Ihnen passiert: Was für Gedanken und Emotionen steigen jetzt auf? Alles, was Ihnen unmittelbar nach der Einpflanzung in den Sinn kommt, ist entweder eine ausführlichere Beschreibung des Negativ-Punkts oder eine Lösung, eine Transformation des Negativ-Punkts in etwas Positives.

Wenn Ihnen bei dieser Übung Ideen kommen, was Sie tun können zur Transformation des Negativ-Punkts in etwas Positives, dann tun Sie das. Wenn keine konkreten Handlungsanweisungen auftauchen, so wiederholen Sie einfach diese Übung, am besten täglich, bis der eingepflanzte Samen sich vollständig aufgelöst hat – und nur noch die daraus gewachsenen Blüten vorhanden sind. Das sind dann all die positiven Gedanken und Emotionen, die daraus resultieren.

Etwas technischer – und weniger blumig – ausgedrückt: Die Positiv-Vorlage, die durch die Einpflanzung auch einen Negativ-Punkt beinhaltet, hat die Kraft, das Negative aufzulösen und so wieder zu einer Positiv-Vorlage zu werden – allerdings einer leicht veränderten, denn die neue Positiv-Vorlage beinhaltet nun zusätzlich alle Gedanken und Emotionen, die aus dem Transformationsprozess entstanden sind. Sie haben sich weiterentwickelt und verbessert!

Wiederholen Sie die Transformationsübung mit jedem Punkt auf Ihrer Liste. Ich empfehle Ihnen, sich immer nur einen Punkt vorzuknöpfen und dabei zu bleiben, bis er gelöst ist. Das kann manchmal lange dauern – aber es lohnt sich.

Harmonie

Die Kraft, Ziele zu verfolgen und zu erreichen, stammt aus Ihnen selber. Sie werden zwar vom Leben auf jede erdenkliche – und häufig überraschende! – Weise unterstützt, wenn Sie einmal begonnen haben, sich aktiv für Ihre Ziele einzusetzen. Trotzdem bleiben Sie selber die Batterie, aus der die zugrundeliegende «Stromstärke» kommen muss. Das bedeutet nicht, dass Sie immer stark sein müssen, sondern dass Sie dafür sorgen, dass im Auf und Ab des Lebens nicht das «Ab» überhand nimmt. Auf diese Weise befinden Sie sich langfristig gesehen in Harmonie.

Nehmen Sie sich die Sinusschwingung als Vorbild. So viel, wie sie nach unten ausschlägt, schlägt sie auch nach oben aus:

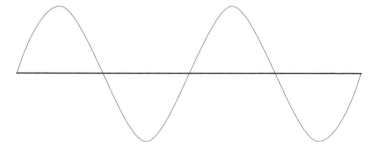

Ein essenziell wichtiger Aspekt, der häufig vernachlässigt wird, sind die Menschen, die Ihnen nahestehen. Wenn die «Schwingungen» zwischen Ihnen und Ihrem Partner, zwischen Ihnen und Ihren nächsten Freunden, zwischen Ihnen und Ihrer Familie übermässig viel im «Ab» sind, also nicht ausgeglichen, bedeutet das Sand im Getriebe Ihrer Zielerreichung.

Aktion 6

→ Machen Sie eine Liste aller Personen, die Sie in Ihrem
Leben als relevant empfinden. Überlegen Sie für jede
Person, wie das «Schwingungsmuster» zwischen Ihnen
aussieht. Bringen Sie alles in Ordnung, was es in Ordnung
zu bringen gibt – durch Reden und Handeln. Erst wenn
Sie mit Reden und Handeln alles getan haben, was Sie
konnten, lösen Sie die letzten Reste des Ungleichgewichts
durch den oben beschriebenen Transformationsprozess.

Der umgekehrte Weg funktioniert nicht! Versuchen Sie, Kon-
frontationen aus dem Weg zu gehen, indem Sie Reden und Handeln durch innere Prozesse ersetzen, wird Ihnen das Leben in
aller Deutlichkeit vorführen, welche Reihenfolge die richtige ist.

Verantwortung

So wie Sie Reden und Handeln nicht durch innere Prozesse
ersetzen können, bringt es auch nichts, Dinge zu ignorieren.
Alles, was für Sie relevant ist, alles, was Sie in irgendeiner
Weise betrifft, müssen Sie als in Ihrer Verantwortung ste-
hend betrachten. Nicht aus ethischen oder moralischen Gründen, sondern weil die Dinge sich sonst Ihrem Einfluss entzie-
hen. Nur wenn Sie für etwas die Verantwortung übernehmen,
können Sie auch daran herumschrauben. Das ist die eigentliche Bedeutung des Worts «Verantwortung»: Sie lassen die
Dinge nicht reaktionslos an sich vorbeiziehen, sondern Sie
geben eine Antwort.

Nur indem Sie den Menschen, den Dingen, Ideen, Situationen und so weiter antworten, können Sie dafür sorgen, in einem Zustand der Harmonie zu bleiben. Nur wenn Sie eingreifen, können Sie ein «Ab» zu einem «Auf» werden lassen. Um Ihre Ziele zu erreichen, dürfen Sie keinen Sand im Getriebe erlauben – und es gibt nur einen Menschen, der das Knirschen beseitigen kann, nämlich Sie selber.

Verantwortung zu übernehmen, hat auch eine Grenze, und zwar genau dort, wo Sie keine Kontrolle haben über etwas. Es liegt nicht in Ihrer Verantwortung, was andere Menschen denken oder tun, denn darüber haben Sie keine Kontrolle. Aber es liegt in Ihrer Verantwortung, wie Sie darauf reagieren, was andere denken oder tun. Sobald Sie etwas sehen oder hören, liegt es allein in Ihrer Verantwortung, zu entscheiden, wie Sie darauf reagieren. Kurz: Sie haben keine Verantwortung für die Welt – die ja ausserhalb Ihrer Kontrolle liegt –, Sie haben aber immer die Verantwortung für Ihre Reaktion auf alles, was Sie von der Welt wahrnehmen.

Aktion 7

→ Gibt es in Ihrem Leben Dinge, die Sie wahrnehmen oder wahrgenommen haben, die Sie ignorieren und sich so vor einer Antwort und damit vor der Verantwortung drücken? Überlegen Sie sich, was für ein Mensch Sie sein wollen, und antworten Sie der Welt dementsprechend. Würde der Mensch, der Sie sein wollen, diese Situation ignorieren? Wie würde der Mensch, der Sie sein wollen, antworten?

Immer schön flexibel bleiben

Das Einzige, was in dieser Welt immer gleich bleibt, ist, dass sich ständig alles ändert. Das gilt auch für Menschen! Sie halten mit diesem Buch das nötige Werkzeug in den Händen, um Ihre Ziele zu erreichen – setzen Sie das Werkzeug weise ein. Ihr Leben kann sich ändern, Ihre Ziele können sich verändern, Sie als Person können sich verändern, Ihr Umfeld kann sich verändern. Halten Sie nicht an Dingen fest, deren Zeit abgelaufen ist.

Werfen Sie über Bord, was sich erübrigt. Nur weil etwas gestern noch wichtig war, müssen Sie es nicht das ganze Leben lang mitschleppen. Weg mit dem Ballast!

Auch wenn ein Ziel ein echtes Ziel ist und nicht ein Scheinziel, ist es unter Umständen nur ein Zwischenhalt. Währendem Sie unterwegs sind, können sich neue Möglichkeiten ergeben, neue Horizonte auftauchen. Denken Sie dann nicht, das Verfolgen des ursprünglichen Ziels sei falsch gewesen – immerhin hat es Sie in Bewegung gesetzt, und erst dadurch haben sich neue Sichtweisen aufgetan.

Punkt 2: Planung

Zielformulierung

Nun kommen wir zur eigentlichen Zielformulierung. Alle wichtigen Punkte sind in der folgenden Liste aufgeführt.

Die Anleitung zur Zielformulierung besteht aus drei grossen Abschnitten: Checkliste, Zielbeschreibung und Weg. Die Checkliste stellt sicher, dass Ihr Ziel ein echtes und auch brauchbares Ziel ist, bei der Zielbeschreibung geht es um die Ausformulierung und unter Weg planen Sie Ihr Vorgehen zur Zielerreichung.

Die Liste zur Zielformulierung in Aktion 8 (nächste Seite) enthält alle relevanten Punkte in Stichworten. Erläuterungen zu den einzelnen Punkten finden Sie direkt im Anschluss an die Liste.

Zur vollständigen Bearbeitung der Liste halten Sie alle Formulierungen schriftlich fest – egal ob auf losen Blättern oder in einem Heft. Je nach Art der Zielsetzung kann da einiges an Schreibarbeit zusammenkommen. Benutzen Sie daher ruhig auch Stichworte, Zeichnungen und Diagramme, um Ihre Ideen festzuhalten.

Das Aufschreiben und Aufzeichnen fixiert Ihre Gedanken in einer materiellen Form – jeder Strich auf dem Papier ist deshalb ein kleiner Schritt, der zur Erreichung Ihres Ziels beiträgt.

Aktion 8

→ Verfassen Sie Ihre Zielformulierung gemäss Liste.

Checkliste

1 Ist das Ziel ein echtes Ziel?
2 Ist das Ziel realistisch und machbar?
   (Nein: Was steckt dahinter?)
3 Ist das Ziel gross genug/klein genug?
4 Ist das Ziel vom Typ «Ich bekomme XY»?
   Was ist meine Gegenleistung?
5 Wer profitiert sonst noch von der Erreichung dieses Ziels?
   Inwiefern?
6 Meinung nahestehender Personen: plus/minus

Zielbeschreibung

7 • Positiv (Bei Negativ-Beschreibungen: Was werde ich
     stattdessen tun?)
   • Konkret (Wie werde ich das genau tun?)
   Resultat: Ausformulierter Text + Video

Weg

 8 Schritte zum Ziel (Zwischenziele)
 9 Terminplan
10 Ressourcen
   • Personen (Helfer und Katalysator)
   • Werkzeug
   • Kapital
   • Wissen/Fertigkeiten

1: Ist das Ziel ein echtes Ziel?

Dieses Thema haben wir schon behandelt (siehe «Echte Ziele» Seite 20). Ich habe es der Vollständigkeit halber auch in die Checkliste mit aufgenommen.

2: Ist das Ziel realistisch und machbar?

Dieser Punkt braucht vor allem dann Beachtung, wenn Sie zur Zielfindung eine Methode benutzt haben, die auch das Phantasieren beinhaltet, zum Beispiel «Der ideale Tag». Das Ziel, das Sie jetzt hier ausformulieren werden, ist dasjenige, das Sie erreichen werden, deshalb muss es sich im Bereich des Machbaren bewegen.
Ist Ihr Ziel nicht realisierbar, so fragen Sie sich: Was steckt dahinter? Was ist das Ziel hinter dem Ziel? Machen Sie sich Ihre Beweggründe klar, warum Sie das Phantasieziel erreichen möchten, und formulieren Sie dann ein machbares Ziel, das an diesen Beweggründen ausgerichtet ist.

3: Ist das Ziel gross genug / klein genug?

Überlegen Sie einen Moment, wie die Skala aussieht, auf der sich Ihr Ziel bewegt: Was wären kleinere Ziele, was wären grössere Ziele? So bekommen Sie ein Gefühl für die Grössenverhältnisse. Nehmen Sie allenfalls Anpassungen vor und wählen Sie eine Grösse, mit der es Ihnen wohl ist.

4: Ziel vom Typ «Ich bekomme XY»?

Wenn Ihr Ziel beinhaltet, dass Sie etwas bekommen, so beschreiben Sie genau, was Sie dafür leisten werden. Sollten Sie auf die Idee kommen, nur zu kassieren und nichts zu liefern, dann schauen Sie sich die Darstellung der Sinusschwingung weiter vorne im Buch nochmal an (siehe Grafik Seite 24). Sorgen Sie für Harmonie und Ausgeglichenheit in all Ihren Unternehmungen.

5: Wer profitiert sonst noch von der Erreichung dieses Ziels?

Es ist keine Bedingung, dass von der Erreichung Ihres Ziels auch andere profitieren. Sollte das aber doch der Fall sein, so ist das ein enormer Verstärker für Ihre Zielerreichung, auf den Sie nicht verzichten sollten. Beschreiben Sie genau, welche Personen warum und auf welche Art von der Erreichung des Ziels profitieren können. Allenfalls können Sie weitere «Begünstigte» sogar als Mithelfer gewinnen – dies werde ich unter Punkt 10 «Ressourcen» noch näher ausführen. Denken Sie daran, dass auch Unternehmen und Organisationen zu den «Begünstigten» gehören können.

6: Meinung nahestehender Personen: plus/minus

Machen Sie eine Liste aller Personen, die Ihnen nahestehen oder die direkt etwas mit dem Ziel zu tun haben, das Sie erreichen wollen. Markieren Sie jede Person entweder mit einem Plus, wenn diese Person dem Projekt positiv gegenübersteht, oder mit einem Minus, wenn sie dem Projekt negativ gegenübersteht. Alle Plus-Personen sind potenzielle Mithelfer. Alle Minus-Personen verdienen spezielle Beachtung. Überlegen Sie, was diese Personen für Gründe haben könnten, Ihrem Ziel negativ gegenüberzustehen. Eventuell kommen Sie auf ernstzunehmende Gründe, die Sie noch nicht beachtet haben, und können eine entsprechende Korrektur Ihres Ziels vornehmen.

Je nachdem lohnt es sich auch, mit den Minus-Personen zu sprechen und so zu weiteren Erkenntnissen zu gelangen. Schon bereits für die Entscheidung, ob jemand eine Plus- oder eine Minus-Person ist, können Sie die Betreffenden darauf ansprechen, falls die Situation dies erlaubt. Es gibt hierfür keine generelle Regel – Sie müssen selber abwägen, ob es im Einzelfall sinnvoll ist, jemanden anzusprechen, oder ob Sie besser nur für sich selber reflektieren, was diese Person wohl sagen, meinen oder denken würde.

7: Zielbeschreibung

Jetzt geht es an die konkrete Beschreibung Ihres Ziels. Ihre Beschreibung muss zwei Eigenschaften aufweisen: Sie muss positiv formuliert sein und sie muss so konkret wie möglich sein.

Ist Ihre Zielbeschreibung negativ formuliert, also zum Beispiel «Ich werde XY los» oder «Ich höre auf mit XY», dann fragen Sie sich, was Sie stattdessen tun werden. So gelangen Sie zu einer positiven Beschreibung. Ein Negativ-Ziel ist kein Ziel im eigentlichen Sinn – Sie kriegen kein Ticket für die Bahn, wenn Sie der netten Dame am Schalter genau erklären, wo Sie **nicht** hinwollen.

Zusätzlich muss Ihre Zielbeschreibung so konkret wie möglich sein. Was das heisst, ersehen Sie am Resultat, das Sie herstellen müssen. Genau gesagt sind es zwei Resultate, die nach Erledigung dieses Punkts auf dem Tisch liegen müssen: eine schriftliche, genau ausformulierte Beschreibung Ihres Ziels und die Beschreibung einer Szene, die man für einen Videodreh benutzen könnte. Möchten Sie sich zum Beispiel selbstständig machen, könnte die Szene zeigen, wie Sie freudig einem soeben bedienten, zufriedenen Kunden die Tür öffnen und Ihn verabschieden, wobei Ihr Kunde erwähnt, dass er Sie seinen Freunden empfehlen wird.

Sowohl die Beschreibung des Ziels, die Sie schriftlich ausformulieren, als auch das Video müssen einerseits eine Darstellung des erreichten Ziels enthalten. Beschreiben Sie so, wie wenn Sie das Ziel schon erreicht hätten. Andererseits muss auch der emotionale Anteil enthalten sein: Bauen Sie in Ihre Videoszene mit ein, wie Sie sich freuen über den erreichten Zustand. Wenn möglich bauen Sie auch andere Personen mit ein, die Ihre Zielerreichung ebenfalls als etwas Positives erleben. Das können bei der Geschäftseröffnung zum Beispiel Ihre Kunden sein, die von Ihrem Angebot profitieren.

Hier ein Beispiel für eine schriftliche Ausformulierung des Ziels einer Geschäftseröffnung:

«Ich eröffne im März nächsten Jahres ein florierendes Geschäft für hochwertige Laufschuhe. Durch mein besonderes Angebot der Fussanalyse werde ich jedem Kunden den perfekten Schuh verkaufen können. Meine Kunden werden so zufrieden sein, dass sie durch Weitererzählen weitere Kunden für mich anwerben. Ich kümmere mich um alles, was für die Geschäftseröffnung nötig ist und bin bereit, mich auch mit Unannehmlichkeiten auseinanderzusetzen. Ich freue mich darauf, mit meinem eigenen Geschäft mein Geld zu verdienen und meinen Kunden einen echten Mehrwert zu bieten.»

Hier einige Hinweise zur Formulierung dieses Beispiels:

• Das Beispiel enthält einen Termin: «Im März nächsten Jahres». Ihre Zielbeschreibung kann einen Termin beinhalten, muss aber nicht.

• Die Beschreibung ist grundsätzlich in der Gegenwartsform: «Ich eröffne ...». Da diese Beschreibung einen Termin enthält, sind Teile davon in der Zukunftsform. Enthält Ihre Beschreibung keinen Termin, so bleiben Sie in der Gegenwartsform.

• Die Beschreibung des Zielzustands enthält viele Eigenschaftswörter: florierend, hochwertig, perfekt. Das macht die Beschreibung stärker.

• Die Beschreibung enthält ausdrücklich den Nutzen für andere, nämlich den Vorteil, den die Kunden haben werden.

• Die Beschreibung enthält auch die Gegenleistung, die erbracht werden muss: sich um alles Nötige zu kümmern und sich mit den Unannehmlichkeiten einer Geschäftseröffnung auseinanderzusetzen. Wenn Kapital eingesetzt wird, kann das natürlich in der Zielbeschreibung ebenfalls erwähnt werden.

• Die Beschreibung enthält auch den emotionalen Anteil: «Ich freue mich darauf ...» Beachten Sie, dass dieser Satz wiederum in der Gegenwartsform steht.

Mit diesem Beispiel als Vorlage können Sie problemlos Ihre eigene Zielbeschreibung anfertigen. Dies muss kein ausgefeiltes Kunstwerk sein – achten Sie darauf, dass die Beschreibung für Sie stimmig ist und dass alle hier genannten Punkte erfüllt sind, dann wird Ihre Zielbeschreibung ihren Zweck erfüllen.

8 und 9: Schritte zum Ziel (Zwischenziele); Terminplan

Nachdem Sie Ihr Ziel als schriftliche Beschreibung und als Videoszene formuliert haben, geht es an die Umsetzung. Erstellen Sie einen Plan, in dem Sie alle Schritte auflisten, die Sie unternehmen werden, um das Ziel zu erreichen. Setzen Sie für jeden Schritt fest, wann Sie ihn erledigen werden.

Es hängt von Ihrer Vorliebe und der Art Ihres Ziels ab, ob Sie diese beiden Schritte trennen oder gerade beides in einem Zug erledigen. Sie können zum Beispiel die Zwischenschritte von Beginn weg in einen Kalender eintragen, so ist die Terminierung auch schon gemacht. Gehen Sie so vor, wie es für Sie am meisten Sinn macht.

Eine Terminsetzung für Zwischenschritte empfiehlt sich auch dann, wenn Ihr Ziel keinen bestimmten Zeitpunkt enthält. Wenn Termine gesetzt sind, haben Sie einen Grund, die Schritte auch einzuhalten. Es ist dann egal, ob Sie gerade Lust haben, sich um Ihr Projekt zu kümmern, oder ob es zu schönes Wetter ist, um zu arbeiten, oder was auch immer – Termin ist Termin und wird erledigt. Der wichtigste Schritt ist immer der nächste!

Bleiben Sie auch bei Ihrer Planung flexibel. Wenn sich herausstellt, dass Änderungen nötig sind, dann nehmen Sie diese, ohne zu zögern, vor.

10: Ressourcen

Erstellen Sie eine Liste mit allen benötigten Ressourcen. Wenn Sie eine Ressource benötigen, über die Sie noch nicht verfügen, so planen Sie genau, wie Sie diese erreichen. Ist Ihnen der Weg dahin nicht sofort klar, so behandeln Sie die zu erlangende Ressource als separates Ziel und wenden die in diesem Buch beschriebenen Techniken zur Zielerreichung an. Beispiel: Sie wollen in Ihrem Laufschuh-Geschäft auch amerikanische Touristen bedienen, können aber noch kein Englisch.

Besondere Beachtung verdient der Punkt «Personen». Wenn irgendwie möglich, holen Sie mindestens eine weitere Person mit ins Boot, die bei der Erreichung Ihres Ziels mithilft. Das brauchen keine grossen Leistungen zu sein – manchmal hat es schon einen grossen Effekt, wenn Sie sich regelmässig mit jemandem austauschen, der bei Ihrem Vorhaben mitdenkt. Haben Sie mehrere Mitdenker – umso besser. Haben Sie Mitstreiter, die Ihnen auch tatkräftig zur Seite stehen und anpacken – noch besser.

Haben Sie mehrere Mithelfer, werden Sie automatisch zur Führungskraft – schliesslich ist es Ihr Ziel und Sie sind und bleiben der Lieferant für die «Stromstärke», um das Ziel zu erreichen. Laden Sie Ihre Mithelfer in regelmässigen Abständen zu Teamtreffen ein, in denen der Stand der Dinge und das weitere Vorgehen besprochen werden können. Behalten Sie die ganze Zeit im Hinterkopf, dass die Harmonie gewährleistet bleiben muss: Ist allen Beteiligten wohl mit diesem Projekt? Stimmt die Gegenleistung noch, die der Einzelne dafür erhält? Es ist Ihre Aufgabe, diese Harmonie zu gewährleisten – wenn Sie das nicht machen, macht es niemand.

Zusätzlich zu Ihren Mithelfern suchen Sie sich einen Kataly-sator.

Katalysator

Definition: Ein Katalysator bezeichnet in der Chemie einen Stoff, der eine chemische Reaktion ermöglicht, ohne dabei selbst verbraucht zu werden.

Sie selber sind der Energielieferant für Ihr Projekt – das heisst aber nicht, dass Sie das ganz alleine tun müssen. Die beste Unterstützung, die Sie haben können, ist ein Katalysator. Das ist eine Person, die die wichtigsten Aspekte Ihres Ziels bereits verwirklicht hat.

- Wollen Sie ein Geschäft gründen, so kann ein Unterneh-mer Ihr Katalysator sein.
- Wollen Sie als Schauspieler Erfolg haben, so kann jemand aus der Fernseh- oder Theaterszene Ihr Katalysator sein.
- Wollen Sie auswandern, so kann jemand, der längere Zeit in einem anderen Land gelebt hat, Ihr Katalysator sein.

Ihr Katalysator kann
- aus Ihrem Bekannten-, Freundes- oder Familienkreis stammen,
- irgendjemand sein, von dem Sie wissen, dass er das verwirklicht hat, was Sie anvisieren,
- ein professioneller Coach oder Berater sein. Dies aller-dings als Notlösung, da der Coach nicht unbedingt selber genau das verwirklicht hat, worauf Sie abzielen. Aller-dings: Besser ein Coach als gar kein Katalysator.

Treffen Sie sich regelmässig mit Ihrem Katalysator, erzählen Sie ihm von Ihrem Ziel, Ihrer Planung und von Ihren Ideen im Zusammenhang mit Ihrem Ziel. Lassen Sie sich von Ihrem Katalysator erzählen, wie er seine Ziele erreicht hat, welche Ideen er hat zur Planung und zum Vorgehen. Sicher wird er Ihnen auch erzählen, worauf Sie achten sollen, wo er Schwierigkeiten erfahren hat. Lassen Sie sich davon niemals verunsichern, sondern nehmen Sie diese Hinweise als wertvolle Informationen, die einen Beitrag leisten zu Ihrer Bewusstwerdung – entscheiden Sie selber, was Ihrer Aufmerksamkeit bedarf und was nicht.

Der Nutzen dieser Treffen besteht aus zwei Aspekten: Einerseits kommen Sie zu neuen Ideen, und zwar zu solchen Ideen, die offensichtlich schon einmal zum Erfolg geführt haben! Und zweitens fungiert Ihr Katalysator auch als eine Art Steckdose – nach jedem Treffen fühlen Sie sich neu motiviert und gestärkt für den weiteren Weg. Sollte dies nicht der Fall sein, erfüllt Ihr Gesprächspartner seine Rolle als Katalysator nicht – suchen Sie sich dann jemand anders dafür.

Seien Sie vorsichtig im Umgang mit dem Wort «Katalysator». Wenn Sie jemanden als Katalysator bezeichnen, kommt das unter Umständen nicht so gut an – ich verwende diesen Begriff hier, um Ihnen verständlich zu machen, worum es geht. Gehen Sie überhaupt möglichst niederschwellig vor. Haben Sie eine Idee, wer Ihr Katalysator sein könnte, so fragen Sie diese Person einfach einmal an, ob sie bereit wäre, sich einmal mit Ihnen zu treffen, um sich über ihre Erfahrungen auszutauschen. Erläutern Sie, in welche Richtung Sie unterwegs sind – da diese Zielrichtung ein gemeinsames Interesse von Ihnen beiden ist, stehen die Chancen gut, dass Sie eine spontane Zusage erhalten. Machen Sie danach je nach Bedarf und Möglichkeit – und gegenseitigem Interesse – weitere Treffen ab.

Beachten Sie, dass es an Ihnen liegt, für eine angemessene Gegenleistung zu sorgen. Je nachdem ob Ihr Katalysator ein Bekannter oder ein bisher Fremder ist, kann seine Unterstützung unterschiedlich abgegolten werden. Das kann Geld sein, das können auch Dienstleistungen Ihrerseits sein. Machen Sie den Ausgleich zum Gesprächsthema. Will Ihr Gesprächspartner partout nichts haben für seine Unterstützung, so zeigen Sie sich trotzdem erkenntlich. Schauen Sie noch einmal das Bild der Sinusschwingung weiter vorne im Buch an (siehe Grafik Seite 24), und Sie erkennen sofort, warum.

Punkt 3: Gedanken und Emotionen

Eine nützliche Definition

Gedanken sind Informationen, die Ihr Bewusstsein verarbeiten kann. Gedanken bestehen aus Bildern, Klängen, Gerüchen und so weiter – alles, was Sie sich innerlich vorstellen können. Im Folgenden spreche ich vor allem von Bildern, wenn es um Gedanken geht, da Bilder für die allermeisten Menschen die wichtigste Art von Gedanken sind.

Emotionen entstehen durch Bewertung. Sie mögen etwas, Sie ärgern sich über etwas, Sie sind enttäuscht ... – das sind alles Bewertungen.

In der Regel treten Gedanken und Emotionen gemeinsam auf. Zu einem bestimmten Gedankenbild gehört eine bestimmte Bewertung des Bildes, und umgekehrt: zu einer bestimmten Emotion gehört ein Bild, auf das sich die Emotion bezieht. Ich kann zum Beispiel an meine letzten Ferien denken, dann taucht in meiner Vorstellung einerseits ein Bild dieser Ferien auf, andererseits aber auch die Emotionen, die ich damit verbinde.

Gedankenbilder sind quasi das Gerüst, die feste Struktur eines Vorstellungsinhalts, während die Emotionen der Energie entsprechen, die in diesen Bildern steckt. Liebe ich das Bergsteigen, so ist es meine Faszination, die mich jedes Wochenende in die Berge treibt – die Emotion ist also die Antriebskraft. Und diese Emotion treibt mich deshalb in die Berge, weil sie mit dem Bild der Berge und des Bergsteigens verbunden ist. Meine Vorstellung des Bergsteigens besteht also aus dem Bild, wie ich bergsteige, und der in diesem Bild enthaltenen Emotionen, der Energie, die meiner positiven Bewertung des Bergsteigens entstammt.

Ein Verständnis für diese Zusammenhänge ist ausserordentlich nützlich für die Erreichung von Zielen. Aus obigen Beschreibungen ersehen Sie sofort, dass ein Gedankenbild als Zielvorstellung nicht genügt – Sie müssen das Bild auch mit einer Emotion laden, und zwar mit einer positiven. Sorgen Sie also dafür, dass Sie in der Videoszene, die Sie bei der Zielbeschreibung erstellt haben, positive Emotionen mit einbauen.

Häufig genügt es, wenn Sie eine einzige Emotion berücksichtigen: Ihre Freude über die Erreichung des Ziels. Wenn allerdings in Ihrem individuellen Fall noch andere positive Emotionen beteiligt sind, bauen Sie auch diese mit ein. Sie können den Effekt der Emotion noch verstärken, indem Sie sie in Ihrer Videoszene in Handlung umsetzen. Zum Beispiel kann Ihre Videoszene beinhalten, dass Sie jemandem erzählen, wie Sie sich freuen – der Akt des Erzählens ist dann die in Handlung umgesetzte Emotion.

Eine weitere Einsicht, die sich aus den Definitionen von Gedanken und Emotionen ergibt, ist die Notwendigkeit der Planung. Wenn Sie starke Emotionen haben, dass Sie etwas erreichen wollen, dann haben Sie dadurch viel Power zur Verfügung. Verbinden Sie diese Emotionen aber nicht mit einem Gedankenbild, bekommt diese Energie keine Richtung – sie verpufft in Aktionen und Anstrengungen, die nirgendwohin führen, weil jedes Teilstück in eine andere Richtung zielt. Haben Sie hingegen eine konkrete Zielformulierung ausgearbeitet, wirkt dieses Gedankenbild als Wegweiser und Fokussierungspunkt. Durch das Gedankenbild haben alle Ihre Emotionen und auch alle Ihre Aktivitäten dieselbe Stossrichtung. Alle Ihnen zur Verfügung stehenden Kräfte werden so auf einen Punkt hin gebündelt.

Selbstvertrauen

Die beste Zielformulierung und Planung nützt rein gar nichts, wenn Ihnen das Selbstvertrauen fehlt, die Planung durchzuführen und Ihr Ziel zu erreichen. Selbstvertrauen bedeutet, dass Sie über sich selber denken, dass Sie schaffen, was Sie sich vorgenommen haben. Das beinhaltet auch, dass Sie von sich selber denken, dass Sie mit auftauchenden Schwierigkeiten fertigwerden.

Ihr Selbstvertrauen basiert auf der Vorstellung, die Sie von sich selber haben. Ich bezeichne diese Vorstellung als Selbstkonzept. Wie jede Vorstellung besteht auch ein Selbstkonzept aus Gedanken und Emotionen, also aus einem Selbstbild und einem Selbstwert.

Vorstellung   = Gedanke + Emotion
Selbstkonzept = Selbstbild + Selbstwert

Um Selbstvertrauen aufzubauen, können Sie Selbstbilder und Selbstwerte, also Ihre Gedanken und Ihre Emotionen über sich selber, getrennt bearbeiten. Das geht manchmal einfacher, als sich den ganzen Brocken «Selbstvertrauen» auf einmal vorzunehmen – vor allem dann, wenn Sie das Gefühl haben, Selbstvertrauen aufzubauen, sei eine riesige Aufgabe. Im Folgenden beschreibe ich ein paar Techniken, wie Sie Ihr

Selbstvertrauen aufbauen können. Ich empfehle Ihnen, mindestens eine davon regelmässig auszuführen, idealerweise über einen längeren Zeitraum. Selbstvertrauen kann man nie genug haben – wenn andere von Ihnen denken, Sie seien ein kleines bisschen grössenwahnsinnig, sind Sie auf dem richtigen Weg.

Selbstkonzept-Analyse

Aktion 9

Erstellen Sie eine Liste mit Ihren Selbstbildern. Das können Rollen sein, die Sie einnehmen, zum Beispiel Familienvater, Angestellter, Freund, Teamleiter. Das können auch Tätigkeiten sein, die Sie regelmässig ausüben, zum Beispiel Hobbys wie Schiffsmodellbauer, Hobbyflieger oder sportliche Aktivitäten, oder auch Tätigkeiten, die in Ihrem Berufsleben vorkommen.

→ Haben Sie die Liste beisammen, beschreiben Sie zu jedem Punkt:
  • Ihre emotionale Einstellung dieser Tätigkeit gegenüber
  • Ihr emotionales Befinden, währendem Sie diese Tätigkeit ausführen

Entscheiden Sie für jedes so aufgelistete Selbstkonzept, ob es Ihrem Selbstvertrauen förderlich oder hinderlich ist. Knöpfen Sie sich die hinderlichen eines nach dem anderen vor und ändern Sie, was nötig ist, um das hinderliche Selbstkonzept in ein förderliches zu verwandeln.

Erfolgsjournal

Aktion 10

→ Führen Sie ein Erfolgsjournal.

Führen Sie ein Journal, in das Sie regelmässig Ihre Erfolge eintragen. Seien Sie nicht kleinlich und tragen Sie alles ein, was
Sie zustande gebracht haben oder womit Sie zufrieden waren – auch Kleinigkeiten. Idealerweise machen Sie jeden Tag
einen Eintrag. Dies hat einen mehrfachen positiven Effekt für
Ihr Selbstvertrauen:

- Der Akt des Eintragens führt zu mehr Selbstvertrauen.
  Durch das Aufschreiben werden die positiven Erlebnisse
  verfestigt und festgehalten.
- Ihr Denken wird beeinflusst: Während des Schreibens
  denken Sie gezwungenermassen die ganze Zeit an Erfolge.
- Sie können jederzeit in Ihrem Journal nachlesen, was Sie
  schon alles erreicht haben.

Schlüsselsätze

Aktion 11

→ Transformieren Sie negative Schlüsselsätze in positive.

Tragen Sie eine Woche lang einen Notizblock mit Schreiber mit
sich herum und beobachten Sie ständig, ob in Ihren Gedanken
eine Aussage auftaucht, die Sie selber oder jemand anderen als
ungenügend darstellt. Schreiben Sie diese Aussagen auf und

suchen Sie für jede einzelne Aussage eine Alternative – etwas, was Sie denken können anstelle der ursprünglichen Aussage. Entwickeln Sie Denkdisziplin und denken Sie nur noch hilfreiche Gedanken, die Ihr Selbstvertrauen stärken.

Ergebnisse richtig bewerten

Sobald Sie auf die Idee kommen, irgendetwas, was Sie tun, sei ein Misserfolg, lassen Sie sofort alles stehen und liegen und machen Sie sich klar, dass Sie immer das Beste tun, was Ihnen zu einem bestimmten Zeitpunkt möglich ist. Das ist nur dann nicht der Fall, wenn Sie bewusst etwas sabotieren – was übrigens nie zu empfehlen ist, denn wenn Sie zu solchen Mitteln greifen, steht dahinter immer die Meinung, dass Sie etwas auf rechtem Weg nicht zustande bringen, und es ist somit ein Ausdruck von mangelndem Selbstvertrauen.

Vergleichen Sie sich selbst nicht mit anderen Menschen – vergleichen Sie sich vielmehr mit dem Menschen, der Sie früher waren. Und messen Sie Ihre Ergebnisse an Ihrer Zielplanung: Sind Sie unterwegs zu Ihrem Ziel? Wenn ja, ist alles in Ordnung, wenn nein, verwenden Sie Ihre Energie für die nötige Kurskorrektur und nicht für negative Emotionen.

Anderen Selbstvertrauen verschaffen

Sorgen Sie dafür, dass Menschen in Ihrem Umfeld zu mehr Selbstvertrauen kommen. Das hat einen doppelten Effekt:

- Ihr Selbstvertrauen wird gestärkt, weil Sie es geschafft haben, jemand anderem behilflich zu sein.
- Weil jemand in Ihrem Umfeld jetzt über mehr Selbstvertrauen verfügt, sind Sie von nun an von mehr Selbstvertrauen umgeben. Das wirkt auf Sie zurück.

Soll-Ist-Differenz

Haben Sie sich einmal ein Ziel gesetzt, so wollen Sie die jetzige Situation verlassen und die Zielsituation erreichen. Dadurch entsteht ein emotionales Gefälle: Sie bewerten die aktuelle Situation als schlecht im Vergleich zur Zielsituation, die ja gegenüber jetzt eine Verbesserung darstellt. Das lässt sich nicht vermeiden, birgt aber die Gefahr, dass Sie negative Emotionen gegenüber der Ist-Situation hegen könnten. Das müssen Sie unbedingt vermeiden.

Wenn Sie die Ist-Situation regelrecht ablehnen, so bildet Ihre Ablehnung eine emotionale Verstrickung, die Sie an diese Situation bindet. Sorgen Sie deshalb dafür, dass Sie der Ist-Situation entweder neutral oder tendenziell eher positiv gegenüberstehen. So können Sie diese Situation leichter verlassen und es bleibt auch nichts Unerledigtes zurück.

Seien Sie dankbar für alles, was Sie haben und erleben dürfen. Verurteilen Sie nichts – das ist Ihr Leben und Sie haben kein anderes. Seien Sie gleichzeitig dankbar dafür, dass nichts so bleiben muss, wie es ist, dass Sie die Möglichkeit haben, die Ist-Situation zur Soll-Situation zu wandeln. Vielleicht merken Sie schon beim Lesen dieser Zeilen über Dankbarkeit, dass in diesem Abschnitt eine viel leichtere Atmosphäre herrscht, als wenn Sie in Ablehnungsstrukturen verfangen sind.

Innere Helfer

Im Kapitel über die Zielformulierung habe ich bereits auf die Nützlichkeit von Menschen hingewiesen, die Ihnen helfen, Ihr Ziel zu erreichen. Zusätzlich können Sie auf einer mentalen Ebene von weiteren Helfern profitieren. Sie können Ihre Vorstellungskraft benutzen, um sich jede beliebige Information zu holen.

Setzen Sie sich hin, entspannen Sie bewusst Ihre Muskulatur, denken Sie an nichts Bestimmtes. Wenn Sie in einen Zustand der inneren Ruhe gelangt sind, stellen Sie sich vor, Sie sässen an einem Konferenztisch. Mit am Tisch sitzen weitere Personen, die Ihnen bei Ihrem Projekt helfen. Erzählen Sie in Ihrer Vorstellung den anderen von Ihrem Projekt und auch von den Fragen, die Sie beantwortet haben möchten. Überlegen Sie sich dann, was wohl jeder Einzelne dazu sagen würde. Lassen Sie spontan Ideen auftauchen, was Sie wem quasi in den Mund legen könnten. Wenn Sie fertig sind, bedanken Sie sich bei Ihrem Team und beenden Sie die Sitzung.

Als Mithelfer bei so einer inneren Konferenz können Sie einladen, wen Sie wollen – Sie können sich ja jeden beliebigen Menschen als an diesem Tisch sitzend vorstellen. Wählen Sie ein paar Personen aus, von denen Sie denken, dass sie etwas Relevantes beitragen können. Das können Personen aus Ihrem Bekanntenkreis sein, aber auch Prominente und Phantasiefiguren. Sie brauchen einen cleveren Mitdenker? Laden Sie Albert Einstein zu Ihrer Konferenz ein oder Sherlock Holmes oder einen ehemaligen Klassenkameraden, der immer alle Mathe-Aufgaben lösen konnte.

Wählen Sie zu Beginn nicht zu viele Personen auf einmal, vielleicht zwei, höchstens drei, oder auch nur eine. Halten Sie regelmässig Sitzungen ab mit derselben Truppe, mindestens einmal in der Woche, besser häufiger oder sogar täglich, wenn Sie die Möglichkeit haben.

Wenn Sie noch nie auf diese Art und Weise gearbeitet haben, werden Sie ein paar Anläufe brauchen, bis sich nützliche Resultate einstellen. Geben Sie nicht zu schnell auf. Sie werden positiv überrascht sein!

Aktion 12

→ Arbeiten Sie mit Ihren inneren Helfern zusammen.

Punkt 4: Kommunikation

Erzählungen über Ihr Leben

Wenn Sie eine Begebenheit aus Ihrem Leben erzählen, können Sie nie alle Merkmale einer Situation wiedergeben. Sie müssen aus der riesigen Fülle von Gedankenbildern und Emotionen ein paar Details auswählen, die Sie dann in Ihrer Erzählung einbringen. Tausende Details bleiben unerwähnt. Es steht Ihnen frei, diese Auswahl jederzeit zu ändern. Sie können heute von Ihren letzten Ferien erzählen, wie Sie sich über das warme Wetter gefreut haben, Sie können morgen von denselben Ferien erzählen, wie Sie wegen eines Motorschadens des Boots auf dem Meer ausharren mussten.

Da Sie schon wählen können, was Sie erzählen und was nicht, wählen Sie so, dass Ihre Erzählungen das Erreichen Ihrer Ziele unterstützen. Das Wichtigste, das Sie mit Ihren Erzählungen beeinflussen können, ist Ihr Selbstvertrauen. Jede Erzählung, die eine Erfolgsmeldung ist, stärkt Ihr Selbstvertrauen; jede Erzählung, die eine Misserfolgsmeldung ist, schwächt Ihr Selbstvertrauen. Erzählen Sie deshalb bevorzugt von Ihren Erfolgen, erzählen Sie, woran oder worauf Sie sich freuen und was Sie glücklich macht.

Der positive Effekt von Erfolgsmeldungen multipliziert sich: Erzählen Sie eine Erfolgsgeschichte, werden Sie von Ihren Zuhörern als erfolgreich wahrgenommen, so dass diese Sie als erfolgreichen Menschen betrachten und behandeln, was es Ihnen wiederum leichter macht, weitere Erfolge zu verwirklichen – und dann davon zu erzählen.

Es geht hier nicht darum, Dinge zu beschönigen oder die Wahrheit zurechtzubiegen. Es geht nur darum, wie Sie die Akzente setzen. Vergleichen Sie folgende Aussagen:

- «Dieses Produkt konnten wir überhaupt nicht verkaufen. Das war eine Enttäuschung für uns alle.»
- «Dieses Produkt konnten wir überhaupt nicht verkaufen. Wir haben jetzt neue Produkte und alle sind motiviert, die Umsätze zu verbessern.»

Beachten Sie: Keine der beiden Aussagen ist gelogen, beide entsprechen der Wahrheit. Trotzdem werden Sie im gegebenen Fall nur eine der beiden Aussagen äussern und damit entweder etwas Positives oder etwas Negatives erzählen.

Aktion 13

→ Was erzählen Sie über Ihr Leben und Ihre Projekte? Welche Ereignisse erwähnen Sie, welche nicht? Schreiben Sie alles auf, was Ihnen in denn Sinn kommt, und markieren Sie jede Erzählung mit einem Plus oder einem Minus, je nachdem, ob sie etwas Positives oder etwas Negatives beinhaltet.

→ Schreiben Sie alle Minus-Erzählungen um, indem Sie entweder den Inhalt ändern, also das Gedankenbild, das beschrieben wird, oder indem Sie die Bewertung der beschriebenen Situation ändern, also die Emotion, die Sie dieser Situation zuschreiben. Machen Sie so alle Minus-Erzählungen zu Plus-Erzählungen.

Erzählungen über Ihr Ziel

Nachdem Sie bereits eine schriftliche Zielformulierung und eine passende Videoszene entworfen haben, entwerfen Sie nun noch Aussagen, die Sie verwenden werden, um über Ihr Projekt zu sprechen. Ihre Zielformulierung und die Video-szene sind Ihre Privatangelegenheit – immerhin verpacken Sie darin Ihre wichtigsten Wünsche und Emotionen. Daher sind diese meistens nicht geeignet als Erzählung für andere.

Aktion 14

→ Entwerfen Sie eine Beschreibung Ihres Ziels, die Sie öffentlich verwenden können.

→ Entwerfen Sie zusätzlich Beschreibungen für alle Schlüsselpersonen, die nicht direkt an der Realisierung beteiligt sind, aber als Externe zugezogen werden. Dazu gehört zum Beispiel die Bank, wenn Sie einen Kredit benötigen, dazu gehören Verkäufer und Aussendienstler, von denen Sie etwas kaufen wollen, dazu gehören auch Freunde, die bei Ihrem Projekt mithelfen. Überlegen Sie für jede Person einzeln: Welche Informationen benötigt diese Person, damit die Zusammenarbeit optimal klappt? In welche Worte verpacken Sie diese Informationen, damit von Ihnen und Ihrem Projekt ein positiver Eindruck entsteht?

Möglichkeiten statt Unmöglichkeiten

Sprechen Sie darüber, was möglich ist, so wirkt das als Türöffner im Sinne von: Aha, da kann es hingehen. Sprechen Sie darüber, was nicht möglich ist, so wirkt das als Türschliesser: Aha, da ist eine Sackgasse. Da Sie zur Erreichung Ihres Ziels Sackgassen nicht gebrauchen können, sprechen Sie ausschliesslich darüber, was möglich ist, und lassen Sie alles weg, was nicht möglich ist. Das gilt für jede Art von Kommunikation: nicht nur dafür, was Sie erzählen, sondern auch dafür, was Sie schreiben. Das gilt für Telefongespräche genauso wie für E-Mails, Internetauftritte, Youtube-Videos, Prospekte – was auch immer.

Aktion 15

→ Erzählen Sie nichts darüber, was Sie alles nicht tun, was Sie alles nicht vorhaben, was Sie bisher alles nicht getan haben. Überprüfen Sie Ihre gesamte Kommunikation daraufhin und ändern Sie alle Aussagen über Unmöglichkeiten in Aussagen über Möglichkeiten – oder lassen Sie sie einfach weg.

→ Achten Sie bei Gelegenheit auf die Kommunikation von anderen, zum Beispiel in Werbeprospekten. Welche Möglichkeiten und welche Unmöglichkeiten werden beschrieben? Wie ist die Atmosphäre der einen und der anderen Aussagen? Welche sind zielführend, welche nicht?

Persönliches Sprechverhalten

Aktion 16

→ Nehmen Sie sich einen Tag lang vor, darauf zu achten, welche Worte und Sätze Sie immer wieder äussern. Machen Sie eine Liste und entscheiden Sie am Abend, welche davon Sie beibehalten wollen und welche nicht. Häufige Kandidaten mit Streichungspotenzial:

- «Ja, aber ...»
- «Das geht nicht.»
- «Das war letztes Mal auch so.»

Zusätzlich könne Sie auch Ihre Freunde fragen, was Sie wohl aus Ihrem Vokabular streichen könnten.

→ Reflektieren Sie nach wichtigen Gesprächen Ihr Sprechverhalten.

- Haben Sie sich verständlich ausgedrückt?
- Über welche Möglichkeiten und Unmöglichkeiten haben Sie gesprochen?
- Welche Aspekte des Gesprächs waren Ihren Zielen dienlich, welche nicht?

Wenn Sie im Nachhinein mehrere Mängelpunkte feststellen, lohnt es sich, Teile des Gesprächs neu zu formulieren, so dass Sie diese Punkte beim nächsten Gespräch verbessern können. Übung macht den Meister!

Punkt 5: Tun

Überblick

Wenn Sie bis hierhin gekommen sind, haben Sie schon viel getan. Obwohl alle bisherigen Aktionen nur so eine Art Vorarbeit waren, sind diese nicht zu unterschätzen. Jede Beschäftigung mit Ihrem Ziel bringt Sie dem Ziel ein Stück näher.

Um all Ihre Kräfte wirkungsvoll zur Zielerreichung einzusetzen, unternehmen Sie folgende Schritte, die alle in den nachfolgenden Abschnitten beschrieben sind:

Schritt zur Zielerreichung	Häufigkeit
Zielformulierung laut lesen	jeden Tag mindestens einmal
Videoszene: Visualisierung	jeden Tag mindestens einmal
Planungsschritte ausführen; gegebenenfalls Planung neu ausrichten	gemäss Terminplanung
Tun als ob	immer
Teamsitzungen • Mithelfer • Inneres Team • Katalysator	bei Bedarf, oder besser: bevor ein Bedarf entsteht

Zielformulierung laut lesen

Lesen Sie Ihre schriftliche Zielformulierung jeden Tag mindestens einmal laut durch. Lassen Sie dabei sowohl die entsprechenden Gedankenbilder als auch die zugehörigen Emotionen in Ihnen präsent sein. Mechanisches Herunterleiern verfehlt den Zweck!

Gute Zeitpunkte hierfür sind am Morgen nach dem Aufstehen und am Abend vor dem Schlafen. Woran Sie kurz vor dem Einschlafen intensiv denken, wird von Ihrem Bewusstsein mitgenommen in die Traumwelt und da weiter bearbeitet. Nutzen Sie diesen Effekt! Das funktioniert auch dann, wenn Sie keine Erinnerungen an Träume haben – die Verarbeitungsprozesse finden so oder so statt, ob Ihr Tagbewusstsein davon weiss oder nicht.

Videoszene: Visualisierung

Setzen Sie sich hin, entspannen Sie Ihre Muskulatur, denken Sie an nichts Bestimmtes. Lassen Sie vor Ihrem inneren Auge die Videoszene abspielen. Sehen Sie in Ihrer Vorstellung die Bilder so scharf, wie Sie die physische Welt wahrnehmen, und erleben Sie die zugehörigen Emotionen so intensiv wie möglich. Wenn Sie mit der Präsenz der Bilder und Emotionen nicht zufrieden sind, wiederholen Sie das Abspielen, wenn nötig mehrmals.

Diese Präsenz der Bilder und Emotionen herzustellen, ist reine Übungssache. Wenn Sie noch nie auf diese Weise gearbeitet haben, haben Sie etwas Geduld mit sich. Jeder Durchlauf der Videoszene wird etwas präziser und präsenter sein als der vorhergehende.

Führen Sie die Visualisierung zu einem Zeitpunkt durch, wenn Sie wach und fit sind. Wenn Sie in müdem Zustand visualisieren, so ist die visualisierte Szene ein «müdes Ziel» – denn es ist immer Ihr Bewusstsein und Ihre Energie, die die Kraft der Bilder und Emotionen erzeugt. Visualisieren Sie deshalb nur dann, wenn Sie imstande sind, starke und lebendige Szenen zu gestalten.

Planungsschritte ausführen

Führen Sie die Planungsschritte gemäss Ihrer Terminplanung aus. Kommt die Ausführung ins Stocken, gehen Sie noch einmal in die Planungsphase:

- Ist der ursprüngliche Plan noch aktuell oder haben sich in der Zwischenzeit Änderungen ergeben?
- Stimmt die Reihenfolge der Planungsschritte noch?
- Brauchen Sie Hilfe? Wenn ja, welche und von wem?
- Sind die Planungsschritte zu gross?
- Haben Sie zu viel oder zu wenig Zeit für die einzelnen Schritte vorgesehen?

Nehmen Sie alle nötigen Änderungen vor. Scheuen Sie nicht davor zurück, die ganze Planung umzustellen, wenn es nötig ist.

Tun als ob

Im Englischen gibt es das Sprichwort: «Dress for the job you want, not the job you have.» Auf Deutsch etwa: Wählen Sie Ihre Kleidung so, dass Sie der Stellung entspricht, die Sie wollen, und nicht derjenigen, die Sie haben. Tun Sie das – und beschränken Sie sich nicht auf die Kleider.

Vieles, was Sie für dieses Vorgehen benötigen, haben Sie sich bereits erarbeitet: wie Sie über bestimmte Dinge sprechen wollen, wie Sie über bestimmte Dinge denken wollen, welche Emotionen Sie mit bestimmten Ideen verknüpfen wollen und so weiter. Benehmen Sie sich so, als hätten Sie Ihr Ziel bereits erreicht. Das ist durchaus berechtigt, denn wenn Sie dem vorliegenden Leitfaden folgen, werden Sie unweigerlich an Ihrem Ziel ankommen – seien Sie also jetzt schon da, soweit das möglich ist.

Teamsitzungen

Wenn es Menschen gibt, die Ihnen helfen, Ihr Ziel zu erreichen, dann gehört es zu Ihren Aufgaben, sich um diese Menschen zu kümmern. Treffen Sie sich regelmässig mit ihnen. Einerseits, um sicherzustellen, dass sich alle noch auf dem richtigen Kurs befinden und auf direktestem Weg auf Ihr Ziel zusteuern. Andererseits aber auch, damit Sie immer wieder Gelegenheit haben, Ihre Wertschätzung zum Ausdruck zu bringen. Das empfehle ich Ihnen sogar gegenüber denjenigen Personen, die Sie für ihre Dienste bezahlen. Natürlich ist es so, dass alles abgegolten ist, wenn die Kasse stimmt, aber:

Wertschätzung und Dankbarkeit sind wie ein Turbo für die Zielerreichung – Sie sollten nicht auf diesen Turbo verzichten.

Dasselbe gilt übrigens für die Sitzungen mit Ihrem inneren Team. Auch wenn diese Teammitglieder ausschliesslich Ihrer Phantasie entspringen – halten Sie es genau gleich mit Wertschätzung und Dankbarkeit. Ein ganz lapidarer Grund hierfür: Jedes Mal, wenn Sie wertschätzend und dankbar sind, sind Sie das ja in echt – unabhängig vom Objekt Ihrer Dankbarkeit. Das hebt Ihre Stimmung und stärkt Ihr Selbstvertrauen.

Mit Ihrem Katalysator können Sie auch Treffen vereinbaren, ohne dass Sie gerade einen triftigen Grund haben. Einerseits kann man einen Energieschub immer gut gebrauchen, andererseits hat er vielleicht wertvolle Inputs für Sie bereit, auch wenn Sie gerade keinen Bedarf nach neuen Ideen verspüren.

Geld

Möglicherweise besteht Ihr Ziel darin, zu Geld zu kommen. Das ist durchaus legitim – ob es sinnvoll ist, ist eine andere Frage. Entscheiden Sie darüber, nachdem Sie dieses Kapitel durchgelesen haben.

Gründe

Bei Geld als Ziel spielt es eine grosse Rolle, was Sie damit zu erreichen hoffen. Häufig ist Geld nicht das eigentliche Ziel, sondern wird als Mittel zum Zweck betrachtet. Es gibt Zwecke, die nur scheinbar erfüllt werden durch Geld. Geld kann Ihnen folgende Dinge nicht geben:

- Sicherheit
- Anerkennung
- Sinn
- Liebe
- verpasste Gelegenheiten nachholen; die Vergangenheit korrigieren
- Beziehungsprobleme lösen
- glücklich sein

Prüfen Sie gründlich, ob nicht einer dieser Beweggründe vorliegt, wenn Sie Geld als Ziel setzen wollen.

Andererseits: Kaputtgehen kann ja nicht viel – tun Sie, was Sie nicht lassen können. Allerdings: Würden Sie diese Zeit und Energie auf eine funktionierende Art und Weise einsetzen, hätten Sie wahrscheinlich mehr davon.

Das Ziel hinter dem Ziel

Wenn Sie Geld als Ziel betrachten, dann überlegen Sie ganz konkret, was Sie mit dem Geld tun werden, wenn Sie es dann haben – was ist das Ziel hinter dem Ziel? Wenn Sie konkrete Antworten finden, dann nehmen Sie diese als Ziel. Geld als Ziel wäre in diesem Fall ein unnötiger Umweg.

Gegenleistung

Um Geld zu erhalten, müssen Sie eine angemessene Gegenleistung erbringen – sonst ist der Erhalt dieses Geldes Diebstahl. Nun ist es aber alles andere als klar, was unter «angemessen» zu verstehen ist. Da die Erreichung eines Ziels durch Ihr Bewusstsein verursacht wird, hängt es allein von Ihnen ab, was angemessen ist und was nicht. Schauen Sie sich nochmal die Sinusschwingung weiter vorne im Buch an (siehe Grafik Seite 24) und machen Sie sich noch einmal völlig klar, dass Harmonie und Gleichgewicht in all Ihren Unternehmungen herrschen muss.
Beachten Sie auch, dass Sie immer für die Wirkungen bezahlt werden, die Sie erbringen. Sie werden **nicht** dafür bezahlt, Zeit zu investieren, zu schwitzen bei Ihrer Tätigkeit oder sich mit Unangenehmem abzumühen. Das gilt sowohl für Selbstständigerwerbende als auch für Angestellte.

Ein Kommen und Gehen

So wie die Sinusschwingung auf und ab geht, geht auch der Geldfluss hin und her:

* Nehmen Sie Geschenke dankbar an, wenn Sie sie bekommen. Können Sie das nicht so gut, so lernen Sie es! Wie soll denn Geld zu Ihnen gelangen, wenn es noch nicht einmal eine Schachtel Pralinen bis zu Ihnen schafft?
* Wenn Sie Gelegenheit haben, Geld wegzugeben, und Sie bekommen eine Gegenleistung dafür, so geben Sie dieses Geld mit Freude weg. Machen Sie sich bewusst, was Geld Ihnen alles ermöglicht: Wohnung, Auto, Reisen … Wenn Sie eine Rechnung bezahlen, so nehmen Sie das jedes Mal als Anlass, sich reich zu fühlen – Sie beweisen ja durch den Akt des Bezahlens, dass Sie es können und somit über die entsprechenden Mittel verfügen.
* Gehen Sie nie fahrlässig mit Geld um. Bringen Sie ihm Wertschätzung und Dankbarkeit entgegen.
* Teilen Sie Ihr Geld weise ein – gehen Sie gekonnt um mit dem, was Sie jetzt haben. Beweisen Sie so sich selber und der Welt, dass Sie es wert sind, zu Geld zu kommen.

Glaubenssätze

In vielen Gesellschaftsschichten hat Geld eine schlechte Presse. Sorgen Sie dafür, dass Sie Geld als etwas Positives betrachten. Stöbern Sie alle negativen Aussagen auf, die Sie über Geld hegen, und korrigieren Sie diese. Benutzen Sie dazu Ihr Wissen über das Zusammenspiel von Gedankenbildern und Emotionen (siehe «Gedanken und Emotionen», Seite 41).

Ein paar beliebte Beispiele:

- Geld stinkt.
- Wer reich ist, ist ein Betrüger.
- Geld macht unglücklich.
- Geld verdirbt den Charakter.
- Wenn man reich ist, wird man nur wegen des Geldes geliebt.
- Reich werden kann man nur auf Kosten anderer.
- Viel Geld schafft nur Neid.
- Geld ist die Wurzel allen Übels.

Tipps

- Sorgen Sie dafür, dass Sie Geld gegenüber eine positive Einstellung haben.
- Fühlen Sie sich als reicher Mensch. Machen Sie sich bewusst, wie viele Dinge Sie jeden Monat völlig selbstverständlich bezahlen – ein armer Mensch könnte das nicht, also sind Sie reich. Und Sie wissen ja: Die Reichen werden immer reicher.
- Sparen Sie immer etwas, wenn es auch nicht viel ist. Betrachten Sie Sparen als eine Art Lohnzahlung an sich selber. So viele Menschen und Unternehmen bekommen einen Anteil von Ihrem verdienten Geld: Ihr Vermieter, Ihre Krankenkasse, der Supermarkt, die Tankstelle ... Warum sollten Sie selber nicht auch etwas kriegen?
- Legen Sie im Voraus fest, welchen Betrag Sie pro Monat für Unnötiges und Luxusartikel ausgeben. Seien Sie beim Festlegen nicht zu knausrig, so dass Sie Ihre Vorgabe auch einhalten können.

Karriere

Zielfindung

Karriereziele sind besonders gefährdet, Scheinziele zu sein. Es besteht nämlich die Gefahr, dass Sie Ihre Karriereziele an äusseren Bedingungen orientieren statt an Ihren Fähigkeiten und Neigungen.

Karriereziele werden häufig so entworfen, dass man schaut, was man bisher schon getan und erreicht hat – und in was man viel investiert hat. Wer grössere Ausbildungen hinter sich hat, sucht seine berufliche Zukunft bevorzugt – oder sogar ausschliesslich – in diesem Tätigkeitsfeld. Das ist in Ordnung, wenn die Art der Ausbildung in diesem Sinne gewählt wurde, nämlich, um nachher in einem bestimmten Tätigkeitsfeld arbeiten zu können.

Manchmal sind aber Ausbildungen und bisher erreichte Karrierestationen ein unnötiger Ballast. Nur weil etwas die letzten zehn oder zwanzig Jahre richtig und wichtig war, heisst das nicht, dass es auch morgen noch richtig und wichtig sein wird. Wenn Sie Ballast abwerfen müssen, trauern Sie diesem nicht nach – und tappen Sie nicht in die Negativbewertungsfalle. Nur weil etwas vorbei ist, braucht es nicht schlecht gewesen zu sein – alles, was Sie bisher getan und gelernt haben, war ein Beitrag zu dem, was Sie heute sind. Seien Sie dankbar für Ihren bisherigen Weg – und seien Sie dankbar dafür, dass Sie jederzeit die Möglichkeit haben, neue Wege einzuschlagen.

Beförderung

Besteht Ihr Ziel darin, in einem Unternehmen einen bestimmten Posten zu erhalten, so ist Punkt 5 der Checkliste für Sie besonders wichtig: «Wer profitiert sonst noch von der Erreichung dieses Ziels? Inwiefern?» Wenn eine Stelle mit einer neuen Person besetzt wird, so ist das nicht nur eine Veränderung für diese betreffende Person, sondern auch für die ganze Abteilung – je nachdem sogar für das ganze Unternehmen. Ihre Zielformulierung sollte deshalb unbedingt beinhalten, wie die bestehenden Mitarbeiter und die ganze Abteilung davon profitieren, dass Sie diese Stelle erhalten. Indem Sie zusammenstellen, wer genau wie genau profitieren wird, erhalten Sie wertvolle Einsichten darüber, was Sie selber aktiv beitragen können zur Erreichung Ihres Ziels.

Ist Ihre Wunschstelle zur Zeit mit einer anderen Person besetzt, so sollte Ihr Ziel auch die Karriere dieser Person beinhalten. Nehmen Sie in Ihre Zielformulierung mit auf, dass diese Person ihren Wünschen und Zielen gemäss eine Beförderung erfährt. Dadurch stellen Sie sicher, dass Ihr Ziel nicht beinhaltet, jemanden gegen seinen Willen zu verdrängen, sondern dass Ihre Zielformulierung beinhaltet, dass alle Beteiligten ihr Leben und ihre Stellung verbessern können und dadurch ein Vakuum entsteht, das für Sie die gewünschte Position frei werden lässt.

Ist Ihre Wunschstelle zur Zeit vakant oder existiert sie noch gar nicht, so ist das Vorgehen dasselbe. Der Erfolg des Unternehmens und der Erfolg aller Mitarbeiter werden Ihnen Ihren eigenen Erfolg ermöglichen.

Selbstständigkeit

Wenn Sie sich selbstständig machen, so dürfen Sie die Ziel-formulierung nie beiseitelegen. Ihre Kunden werden merken, ob Sie ein klares Zielbild haben oder nicht, und sie werden merken, ob dieses Zielbild mit positiven Emotionen geladen ist oder nicht.

Machen Sie zu Ihrer persönlichen Weiterbildung einen Ein-kaufsbummel. Besuchen Sie so viele Geschäfte wie möglich und fragen Sie sich bei jedem Geschäft, ob der Eigentümer ein klares Zielbild hat für sein Geschäft und ob dieses Bild mit positiven Emotionen geladen ist. Sie werden staunen, wie schnell Sie ein Gespür dafür entwickeln: Es gibt Geschäfte, deren Einrichtung top designt und gestylt ist – aber wenn Sie im Verkaufsraum stehen, fühlt es sich an, als stünden Sie in einem leeren Schiffscontainer. Da fehlt die Substanz, es fehlt die Energie – und Sie werden dann wissen: Da fehlt vor allem eine funktionierende Zielformulierung.

Achten Sie aber nicht nur auf Negativbeispiele, sondern vor allem auch auf positive. Halten Sie Ausschau nach Geschäf-ten, die einer klar gesetzten Vision folgen und diese zielge-richtet umsetzen – und zwar mit voller Stromstärke. Nehmen Sie Papier und Schreiber mit, so können Sie fortlaufend Ihre Ideen und Erkenntnisse notieren. Übrigens ist mit ein paar Ideen und Erkenntnissen schon viel getan. Sie brauchen we-der das Rad neu zu erfinden noch irgendeine Medaille zu ge-winnen – alles, was Sie im Endeffekt brauchen, ist eine für Sie funktionierende Zielformulierung.

Beziehungen

Das Beziehungskonto

Stellen Sie sich vor, über jede Ihrer Beziehungen würde Buch geführt. Ich meine hier wirklich alle Beziehungen, egal welcher Art: Partner, Familie, Verwandte, Freunde, Mitarbeiter, flüchtige Bekannte, Nachbarn … Die Buchführung würde alles beinhalten, was jeweils einer für den jeweils anderen getan hat. Ein Beispiel: Jedes Mal, wenn Sie für Ihren Nachbarn etwas tun, kriegen Sie einen Punkt gutgeschrieben, jedes Mal, wenn Ihr Nachbar für Sie etwas tut, wird Ihrem Nachbarn ein Punkt gutgeschrieben. Das Prinzip ist einfach: Für jede erdenkliche Art von Profit oder Vorteil wird einer der beiden Personen ein Punkt gutgeschrieben.

Sorgen Sie dafür, dass alle Ihre Beziehungskonten einigermassen ausgeglichen sind. Jede Unausgeglichenheit, egal auf welche Seite, stellt ein Ungleichgewicht dar. Zur Erläuterung blättern Sie nach vorn zur Sinusschwingung (siehe Grafik Seite 24) – dieses Bild ersetzt hier sämtliche Worte.

Manche Menschen haben eine gewisse Scheu davor, auch privaten Beziehungen ein Beziehungskonto zuzuschreiben. Tatsächlich ist es eine Eigenschaft von ganz bestimmten Beziehungen, dass eben gerade kein solches Konto geführt wird, zum Beispiel in der Mutter-Kind-Beziehung. Würde man da ein Konto führen, würden alle Menschen in einer nie abzutragenden Schuld leben, die auf sämtlichen Lebensbereichen lastet – denken Sie nur, wie viele Punkte sich bereits in den ersten zwei Lebensjahren anhäufen. Auch in romantischen

Liebesbeziehungen gehört es ein Stück weit dazu, kein Konto zu führen.

Auch wenn in bestimmten Beziehungen nicht Buch geführt wird, führen Sie trotzdem eins – allerdings nur intern, für sich selber. Denn auch wenn offiziell keine Buchführung existiert, sollte eine Beziehung trotzdem einigermassen ausgewogen sein – nicht aus ethischen oder moralischen Gründen, sondern weil unausgewogene Beziehungen Sand in Ihrem Lebensgetriebe sind.

Bestehende Beziehungen verbessern

Um bestehende Beziehungen zu verbessern, können Sie vorliegenden Leitfaden zur Zielerreichung benutzen. Der Fünf-Punkte-Plan funktioniert auch auf diesem Gebiet hervorragend. Für den Fall, dass eine Ihrer wichtigen Beziehungen in einem wirklich üblen Zustand ist und Sie bereit sind, auch einiges dafür zu tun, um diese Beziehung wieder ins Lot zu bringen, gibt es ein aufwendiges, aber hochwirksames Mittel: Lesen Sie dieses ganze Buch nochmal und befolgen Sie alle Anleitungen allein unter dem Gesichtspunkt dieser einen Beziehung. Das heisst, Sie machen die Verbesserung dieser Beziehung zu Ihrem einzigen Ziel und arbeiten das ganze Programm durch zur Zielerreichung. Gehen Sie in diesem Fall auch die Kapitel über Bewusstsein und Bewusstwerdung am Beginn des Buches noch einmal durch und beantworten Sie alle Fragen der Aktionen in Bezug auf dieses eine Ziel.

Neue Beziehungen knüpfen

Beziehungen bestehen ganz elementar aus drei Dingen:

- der einen Person,
- der anderen Person,
- der Sache, die diese beiden Personen verbindet.

Grundsätzlich können alle drei Punkte Bestandteil Ihrer Ziel-formulierung sein, ich empfehle Ihnen aber, sich auf zwei Punkte zu beschränken. Denn nur Sie selber und allenfalls noch die verbindende Sache befinden sich in Ihrem Kontroll-bereich – darüber, was andere denken, fühlen oder tun, haben Sie keine Kontrolle. Eine funktionierende Zielbeschreibung ist daher vorwiegend eine Beschreibung von Ihnen selber: Was werden Sie denken, fühlen, tun, wenn Sie sich in der ge-wünschten Beziehung befinden? Was ist das verbindende Element, das die Beziehung konstituiert?

Um eine Vorstellung zu bekommen, wie eine solche Zielfor-mulierung für Sie aussehen könnte, analysieren Sie einige Ihrer bestehenden Beziehungen: Sie und Ihr Partner, Sie und ein Mitarbeiter, Sie und ein Freund … Halten Sie schriftlich fest, was Sie denken, tun, fühlen in dieser Beziehung, was die andere Person wohl denkt, tut, fühlt in dieser Beziehung und was die verbindende Sache ist, die dafür sorgt, dass die Bezie-hung überhaupt besteht.

Ihre Zielbeschreibung kreist also um die Fragen: Wer möchten Sie sein? Und wie möchten Sie sein? Oder in Aussenperspektive: Wie muss ein Mensch sein, was muss er denken, tun, fühlen, damit er genau so einen Beziehungspartner haben kann, wie Sie ihn sich wünschen?

Diese Ausführungen gelten nach wie vor für alle Arten von Beziehungen. Das hier aufgezeigte Vorgehen ermöglicht Ihnen nicht nur das Finden Ihres Traumpartners, sondern auch erfolgreiche Resultate bei der Neukundengewinnung oder bei der Suche nach neuen Vereinsmitgliedern.

Gesundheit

Einschränkungen

Ist Ihre Gesundheit angeschlagen, können Sie unter Umständen nicht alle Punkte des Fünf-Punkte-Plans ausführen. Machen Sie, was geht, und denken Sie nicht darüber nach, was alles nicht geht. Auch wenn der Fünf-Punkte-Plan zu einem Ein-Punkte-Plan schrumpft – ein Punkt ist immer noch einer mehr als gar keiner, und auch dieser eine Punkt hat den Effekt, dass Sie bei der Bearbeitung dieses einen Punkts auf dem Weg sind zu einer Besserung.

Personalisierung

Ihre Zielbeschreibung soll möglichst präzise und konkret sein – das erreichen Sie am einfachsten, indem Sie den kranken oder verletzten Körperteil als Person betrachten. Das mag Ihnen vielleicht seltsam erscheinen – diese Methode ist allerdings dermassen hochwirksam, dass Sie trotz allfälliger Bedenken nicht darauf verzichten sollten.

Haben Sie Probleme mit Ihrem Herzen, so betrachten Sie Ihr Herz als eine Person. Damit es Ihnen leichter fällt, in diese Vorstellung hineinzukommen, bezeichne ich im Folgenden das Herz als Person mit dem Namen Herr Herz.

- Herr Herz ist im Sinne der Checkliste ein Mithelfer und auch ein Begünstigter. Er ist ein Mithelfer, weil er ja genauso wie Sie das Interesse hat, gesund zu werden, und er ist ein Begünstigter, da er ja von der Zielerreichung ebenso profitiert wie Sie.

- Sprechen Sie mit Herrn Herz so, wie Sie mit anderen Personen sprechen, und zwar genauso laut und deutlich. Machen Sie das ruhig nur dann, wenn Sie alleine sind – sich den verwunderten Fragen von Zuhörern zu stellen, ist Energieverschwendung.
- Nehmen Sie Herrn Herz in Ihr inneres Team auf – er ist Ihr wichtigster Ratgeber!
- Lesen Sie das Kapitel über Beziehungen und gestalten Sie aktiv die Beziehung zu Herrn Herz. Halten Sie alles schriftlich fest.
- Bringen Sie Herrn Herz genügend Dankbarkeit und Wertschätzung entgegen – er arbeitet schon sein ganzes Leben für Sie. Überprüfen Sie auch, wie es um Ihre Gegenleistung für diese Arbeit steht.

Idealbild

Bei gesundheitlichen Problemen kann es eine enorme Hilfe sein, wenn Sie zusätzlich zur Zielformulierung gemäss dieser Anleitung eine weitere Zielformulierung verfassen. Diese zusätzliche Formulierung beschreibt Sie selber bei vollständiger Gesundheit, und zwar unabhängig davon, ob dieses Ziel realistischerweise erreichbar ist oder nicht. Dieses Idealbild ist nicht ein Ziel im eigentlichen Sinn, es ist eine Vorlage für diejenigen Ziele, die Sie dann tatsächlich verfolgen und erreichen.

Jedes Mal, wenn Sie an Ihren zu erreichenden Zielen arbeiten, lesen Sie vorher Ihre Idealbild-Formulierung laut durch und visualisieren Sie die zugehörige Videoszene. So wird alles, was Sie tun, in der Atmosphäre Ihres Idealbilds stattfinden. Ihr ganzes Denken, Fühlen und Tun ist dann eingehüllt in die Vorstellung, wie Sie bei voller Gesundheit sind.

Wenn Sie konkrete Ziele formulieren, nehmen Sie einen weiteren Punkt mit auf die Checkliste: Ist das Ziel im Einklang mit Ihrem Idealbild? Wenn nicht, ändern Sie Ihre Zielformulierung so lange, bis sie hundertprozentig zu Ihrem Idealbild passt. Ihre Zielformulierung ist dann eine Unterstützung Ihres Idealbilds, und Ihr Idealbild ist eine Unterstützung Ihrer Zielformulierung.

Stolperfallen und Hindernisse

Sie schaffen es nicht, ein Ziel zu formulieren

Wenn Sie es nicht schaffen, ein Ziel zu formulieren, kann das verschiedene Gründe haben:

- Ihr Drang, etwas zu erreichen, ist nicht sehr stark.
- Sie möchten viele verschiedene Dinge und schaffen es nicht, sich festzulegen.
- Sie sind der Meinung, dass Sie es sowieso nicht schaffen.
- Sie wollen sich die Dinge nicht erarbeiten, sondern sie auf sich zukommen lassen.
- Sie wollen nicht aufgeben, was Sie jetzt haben, und verharren deshalb an Ort und Stelle.
- Sie sind nur bereit, sich zu engagieren, wenn Sie am Schluss alles und jedes bekommen, was Ihnen wichtig ist – nur ein oder zwei Ziele zu erreichen, ist die Mühe nicht wert.
- Sie denken, das, was Sie wollen, sei gar kein Ziel, sondern mehr eine Sinnfindung oder eine bestimmte Art von Lebensqualität.

Das sind alles berechtigte Gründe, und wenn Ihre Persönlichkeit so gestrickt ist, dass Sie auf diese Weise denken, sollten Sie das auch ernst nehmen. Es gibt nur eine Person, die sagen kann, was für Sie richtig und wichtig ist, und das sind Sie.

Sollten Sie trotzdem in die Gänge kommen wollen, empfehle ich Ihnen, mit jemandem darüber zu sprechen. Diese andere Person wird eine andere Persönlichkeitsstruktur haben als

Sie, und durch das Gespräch mit dieser Person werden Sie in die Lage versetzt, sich in einem anderen Licht zu sehen. So gelangen Sie zu neuen Einsichten und auch zu neuem Mut.

Ob Ihr Gesprächspartner ein Freund oder Bekannter von Ihnen ist oder ob Sie das Gespräch mit einem Coach oder Berater suchen, ist eher sekundär – gehen Sie so vor, wie es für Sie stimmig ist. Wichtig ist nur, dass Sie sich neue Inputs holen – zwei Köpfe haben mehr Ideen als einer.

Sabotierende Zielformulierung

Es gibt Möglichkeiten, die Zielformulierung so zu wählen, dass durch die Formulierung selber das Erreichen des Ziels verhindert wird. Aus diesem Grund habe ich im entsprechenden Kapitel eine vollständige Zielformulierung als Beispiel gegeben. Nehmen Sie im Zweifelsfall dieses Beispiel als Vorlage: Übernehmen Sie Satz für Satz und ändern Sie den Inhalt von jedem Satz, so dass er zu Ihrem Ziel passt. So hat Ihre Zielformulierung eine geeignete Struktur, die mit Ihrem persönlichen Inhalt gefüllt ist.

Ein häufiger Fehler ist, dass in die Zielformulierung Sätze hineinrutschen, die beginnen mit:

- «Ich möchte …»
- «Ich wünsche …»
- «Ich will …»
- «Ich würde mich freuen, wenn …»
- «Gerne würde ich …»

Das Problematische an diesen Aussagen ist, dass diese zur Verwirklichung streben – und nicht Ihre Idee dahinter. Wenn sich die Aussage «Ich will XY» verwirklicht, dann werden Sie die Erfahrung erreichen, XY zu wollen – und etwas wollen können Sie nur dann, wenn Sie es nicht haben. Die Formulierung «Ich will XY» treibt deshalb dieses XY von Ihnen weg und stellt sicher, dass Sie XY **nicht** haben.

Zudem sollten Sie alle Wörter vermeiden, die eine Unsicherheit ausdrücken, zum Beispiel:

• vielleicht
• eventuell
• je nachdem
• unter Umständen
• falls, wenn, ob

Ebenso darf die Zielformulierung nur ein Zielbild beinhalten, keine Alternativen oder Varianten im Sinne von «entweder – oder».

Ich brauche erst XY

«Bevor ich anfangen kann, meine Ziele zu verfolgen, brauche ich erst …

• … mehr Energie.»
• … mehr Geld.»
• … eine funktionierende Beziehung.»
• … die richtigen Bekanntschaften.»
• … eine andere Wohnung.»
• … einen anderen Job.»
• … »

Das Rezept gegen solche Denkmuster lautet: Fangen Sie trotzdem an. Tun Sie, was Sie tun können, jetzt, in diesem Moment, mit den Mitteln, die Ihnen jetzt gerade zur Verfügung stehen. Wenn es möglich ist, in diesem Buch zu lesen, ist es auch möglich, sich ein paar Notizen zu machen, ein bisschen über Gedanken und Emotionen nachzudenken, mal eine Zielformulierung hinzukritzeln – und schon sind Sie mittendrin.

Mehrere Ziele

Selbstverständlich können Sie mehrere Ziele gleichzeitig verfolgen. Überprüfen Sie vorher, dass sich die Ziele nicht gegenseitig ins Gehege kommen – das betrifft Punkt 2 der Checkliste für die Zielformulierung: Ist das Ziel realistisch und machbar? Hierbei ist Ihr Bewusstsein und Ihr Denken der Massstab: Wenn es für Sie völlig klar ist, dass Sie nächstes Jahr gleichzeitig Hochseekapitän und fürsorglicher Familienvater sein können, ohne dass sich diese beiden Dinge ins Gehege kommen, so geht das in Ordnung. Haben Sie auch nur den leisesten Zweifel, das könnte Probleme oder Schwierigkeiten verursachen, so beschränken Sie sich auf ein Ziel.

Beachten Sie, dass das Erreichen eines Ziels Ihre volle Energie benötigt. Haben Sie zwei Ziele,

- so haben Sie zwei Zielformulierungen, die es jeden Tag mit jeweils voller Energie und Überzeugung zu lesen gilt;
- Sie haben zwei Videoszenen, die Sie jeden Tag eventuell mehrmals abspielen müssen – mit voller Präsenz für das jeweilige Ziel;

- Sie haben zwei Zielerreichungspläne, die Sie terminge-recht ausführen müssen und für die Sie immer mitdenken müssen, ob allenfalls Änderungen in der Strategie nötig sind.

Wenn Sie das stemmen können – o.k. Wenn Sie das nicht stemmen können, werden Sie unter Umständen beide Ziele nicht erreichen. Überlegen Sie also gut, was in Ihrem Fall sinnvoll ist.

Fehlende Komponenten

Der Weg zum Ziel, den ich Ihnen in diesem Buch aufzeige, ist ein hochwirksames Werkzeug, und zwar insbesondere da-durch, dass dieser Weg alle Aspekte beinhaltet: Ihre mentalen, emotionalen, körperlichen und kommunikativen Kräfte wer-den gebündelt und wie ein Laserstrahl auf Ihr Ziel gerichtet.

Dieser Bündelungseffekt wird geschwächt, wenn einzelne Komponenten deutlich zu schwach sind. Am Schlimmsten kann sich diese Schwächung auf der emotionalen Ebene zei-gen. Dieser Fall tritt dann ein, wenn Sie ein Ziel wählen, bei dem es Ihnen egal ist, ob Sie es erreichen oder nicht. Sie erin-nern sich: Emotionen sind die Kraft, die in einem Bild steckt. Ist Ihnen Ihr Zielbild egal, so ist es emotionslos und damit kraftlos.

Wählen Sie als Ziel deshalb etwas, wofür Sie innerlich bren-nen, etwas, das Ihnen enorm wichtig ist und dass Sie unbe-dingt erreichen wollen.

Ebenso bedeutet es eine erhebliche Schwächung Ihrer Kraft, wenn die mentale Komponente fehlt. Haben Sie keine Videoszene, die Ihr Ziel beschreibt, so verfügen Sie über kein Zielbild. Die Energie, die Sie in Ihr Projekt stecken, hat dann keine eindeutige Richtung, und anstatt sich auf Ihr Ziel zuzubewegen, geht es einmal hierhin und einmal dorthin. Ob Sie dann dort ankommen, wo Sie hinwollen, ist mehr als fraglich.

Ist Ihr Ziel inhaltlich so, dass es schwierig ist, dazu eine Videoszene zu entwerfen, können Sie zu einem Trick greifen: Entwerfen Sie eine Videoszene, in der Sie jemandem davon erzählen, wie Sie Ihr Ziel erreicht haben. Wenn Sie sich hierbei an die Vorgaben halten, die in dem entsprechenden Kapitel angegeben sind, dann funktioniert das genauso gut.

Wohlfühlen als Kriterium

Es gibt Menschen, für die es wichtig ist, sich wohl zu fühlen. Wenn Sie zu dieser Sorte gehören, müssen Sie einen Extraeinsatz leisten: Sie müssen ab und zu sich selber aus Ihrer Wohlfühlzone kicken. Das ist immer dann der Fall, wenn sich bei Ihnen Unlust meldet – Unlust kommt dann auf, wenn Ihr Wohlfühlzustand bedroht ist. In den Momenten, in denen es drauf ankommt, dürfen Sie dieser Unlust nicht nachgeben. Und es kommt immer dann drauf an, wenn es um etwas geht, das zu Ihrem Zielerreichungsplan gehört.

Deshalb ist für Wohlfühlmenschen das Aufstellen eines präzisen Plans, wann was zu tun ist, essenziell. Gehen Sie nach Plan vor und stellen Sie sich von Anfang an darauf ein, dass

Sie Unlustideen bezüglich einer geplanten Aktivität nicht beachten werden.

- Sie haben keine Lust – tun Sie es trotzdem.
- Sie sind müde – tun Sie es trotzdem.
- Sie sollten doch erst noch XY erledigen –
  tun Sie es trotzdem.
- Sie würden jetzt lieber etwas anderes tun –
  tun Sie es trotzdem.
- Es widerspricht Ihren Gewohnheiten –
  tun Sie es trotzdem.

Erfüllen Sie Ihren Plan. Sie können gerne gleichzeitig müde sein oder Unlust empfinden oder was auch immer – machen Sie, was Sie wollen. Aber erledigen Sie die Planungsschritte wie vorgesehen.

Sie werden bemerken, dass es eine aufregende Sache ist, der Unlust nicht nachzugeben. Sie werden eine ganz neue Energie spüren, die Ihnen Auftrieb und Motivation gibt. Machen Sie sich nach und nach bewusst, dass das ja etwas Positives ist, und mit der Zeit werden Sie sich auf Ihre Unlustanwandlungen freuen, weil Sie genau wissen, dass Sie dadurch zu einem neuen Energieschub kommen können.

Übrigens: Menschen, die diese Unlustgefühle nicht kennen, werden verwundert den Kopf schütteln über diese Ausführungen. Ergeht es Ihnen so, überlesen Sie diesen Abschnitt einfach und nutzen Sie Ihre Energie für etwas Sinnvolleres, als sich zu wundern.

Rückschläge

Trotz präziser Planung und Beachtung aller Zielerreichungsstrategien können sich Rückschläge einstellen. Es liegt an Ihnen, wie Sie mit diesen umgehen, und davon hängt es ab, ob Rückschläge etwas Positives oder etwas Negatives sind.

- Nehmen Sie einen Rückschlag auf emotionaler Ebene wahr, so erkennen Sie, dass Sie Ihre Energie in eine falsche Richtung gelenkt haben. Dies kann zu einer weiteren Emotion führen, indem Sie nun sich selber neu bewerten: Sie sind oder waren ungenügend, nur so konnte der Rückschlag zustande kommen. Wenn Sie nicht aufpassen, geraten Sie in eine regelrechte Spirale von Negativbewertungen – eine negative Emotion führt zur anderen, indem Sie abwechslungsweise die Situation, Ihren Plan und sich selber mit neuen Negativbewertungen versehen. Das ist natürlich nicht hilfreich – ganz abgesehen davon, dass Ihr Selbstvertrauen massiv Schaden nehmen kann davon.
- Nehmen Sie einen Rückschlag auf mentaler Ebene wahr, so erkennen Sie, dass das Gedankenbild, das zu dieser Situation geführt hat, nicht in diejenige Stossrichtung zielt, die Ihr Zielbild vorgibt. Der Rückschlag zeigt Ihnen also auf, dass Sie dieses Gedankenbild korrigieren müssen, um wieder auf Kurs zu kommen. Bei dieser Gelegenheit prüfen Sie natürlich auch die Emotionen, die in diesem Gedankenbild stecken, und Sie überprüfen die Planungsschritte, die mit diesem Gedankenbild zu tun haben. Nehmen Sie alle notwendigen Korrekturen vor – dank der Information, die der Rückschlag geliefert hat, sind Sie jetzt besser unterwegs als je zuvor!

Fazit: Nehmen Sie Rückschläge ausschliesslich auf mentaler Ebene wahr, das heisst als Information über Ihr Zielbild. Nehmen Sie Rückschläge nie auf emotionaler Ebene wahr, das heisst als Information über die Bewertung Ihres Ziels oder die Bewertung von Ihnen selbst.

Kapitulieren

Es kann verschiedenste Gründe haben, dass Sie auf die Idee kommen, zu kapitulieren und das ganze Projekt hinzuschmeissen. Diese Gründe können berechtigt sein, und manchmal ist es tatsächlich das einzig Richtige, die Flinte ins Korn zu werfen. Diese Gründe hier zu erläutern, erübrigt sich – wenn Sie sich in einer solchen Situation befinden, ist es so, wie es ist, und es spielt für die Zielerreichung keine Rolle, wieso es so ist. Das Resultat bezüglich Ihres Ziels ist ja sowieso dasselbe, nämlich dass Sie aufhören, auf dieses Ziel hinzuarbeiten.

Sorgen Sie dafür, dass Sie mit der Situation zurechtkommen – was auch immer diese Situation ist. Lesen Sie weiter vorne im Buch nach, wie Sie mit Gedanken und Emotionen umgehen können, und sorgen Sie dafür, dass Sie der aktuellen Situation positiv gegenüberstehen können – nur so können Sie die Situation verlassen oder verändern.

Und sobald es passt, beginnen Sie einfach noch einmal: Ziel formulieren, Ziel erreichen.

Häufig ist es bei einem Neustart empfehlenswert, das ganze Programm wieder von vorne zu starten. Einerseits, weil sich wahrscheinlich bestimmte Dinge geändert haben – unter Umständen müssen Sie sogar die Zielformulierung umschreiben, obwohl das Ziel noch dasselbe ist. Andererseits hilft das Durcharbeiten aller Aktionen, den nötigen Schwung zu entwickeln, um von Neuem voll in die Gänge zu kommen. Abkürzungen auf diesem Weg sind natürlich möglich – leisten Sie aber im Zweifelsfall lieber etwas mehr Arbeit, so dass Sie überzeugt sein und bleiben können, dass Sie das Ziel unausweichlich erreichen werden.

Der nächste Schritt

Dankbarkeit

Seien Sie dankbar für jeden Erfolg, den Sie erreichen – auch wenn es sich nur um einen kleinen Zwischenschritt handelt. Dadurch gelangen Sie in einen Zustand der Wertschätzung, was Ihr Selbstvertrauen stärkt und Sie eher dazu bringt, auch anderen Dingen positiv gegenüberzustehen. So fördern Sie einerseits die Entwicklung von sich selbst, andererseits auch diejenige Ihres Projekts.

Denken Sie daran, Ihre Dankbarkeit auch zu äussern – zumindest denjenigen gegenüber, die irgendetwas zu Ihrer Zielerreichung beitragen. Aber auch allen anderen Menschen gegenüber ist es nie verkehrt, sich dankbar und wertschätzend zu zeigen – Sie fördern damit ein positives Bild von Ihnen.

Feiern

Feiern Sie Ihre Erfolge. Je nach Grösse des Erfolgs darf auch die Feier grösser ausfallen. Nehmen Sie es nicht für selbstverständlich, dass Sie in einer Welt leben, in der Sie Erfolge erleben und erreichen können. Feiern ist eine Manifestierung positiver Emotionen – Sie unterstützen so Ihre optimistische Grundstimmung und auch Ihr Selbstvertrauen.

Weiter!

Haben Sie ein Ziel erreicht, werden Sie das nächste anvisieren. Da Sie dies jetzt schon wissen, können Sie sich schon vor der Zielerreichung Gedanken machen, was der nächste Schritt sein könnte. Beginnen Sie mit der konkreten Planung Ihres neuen Ziels erst, wenn Sie sicher sind, dass Sie genügend Ressourcen für ein weiteres Ziel frei haben.

Befinden Sie sich auf Erfolgskurs, kann das zu Übermut und Selbstüberschätzung führen. Bleiben Sie realistisch, reflektieren Sie Ihr Tun und handeln Sie so, dass der Erfolg sichergestellt bleibt.

Bildung

Ziele erreichen Sie durch bewussten Einsatz Ihres Körpers, Ihrer Gedanken, Ihrer Emotionen und Ihrer Kommunikation. Deshalb sollten Sie dafür sorgen, dass alle diese Aspekte Ihres Seins fit sind – und das bedeutet, dass Sie auf allen Ebenen in Bewegung bleiben müssen. Gesund, fit und stark sein ist wie schwimmen: Entweder Sie kommen vorwärts oder Sie gehen unter.

Bilden Sie sich deshalb weiter, und zwar auf allen Ebenen:

- Lesen Sie regelmässig Bücher, und zwar solche, von denen Sie etwas lernen. Das kann auch ein Roman sein oder ein Bilderbuch – alles, was Ihr Denken ankurbelt, ist nützlich.

- Besuchen Sie Vorträge, Kurse, Workshops. Sie lernen so neue Inhalte und auch neue Leute kennen.
- Sorgen Sie für körperliche Bewegung. Suchen Sie sich dazu etwas aus, von dem Sie denken können: «Schön, dass ich jetzt wieder XY tun kann.» Tauchen Gedanken auf wie «Jetzt muss ich noch XY» oder «Eigentlich sollte ich XY», dann ändern Sie Ihr Bewegungsprogramm. Wählen Sie die Art der Bewegung, die zeitliche Länge, die Häufigkeit und die Intensität so, dass es für Sie immer ein Dürfen ist, nie ein Müssen.
- Schreiben Sie. Kaufen Sie ein leeres Heft und schreiben Sie alle Ideen auf, die in Ihrem Bewusstsein auftauchen. Kreativität ist selbstvermehrend – aus einer Idee gibt es zwei neue. Das Aufschreiben gibt Ihren Gedanken eine Form – nur so können daraus weitere Formen entstehen. Ideen, die Sie nur denken, fliegen vorbei und sind dann weg, ohne dass Sie etwas Konstruktives bewirken konnten. Schreiben Sie, und Sie selber werden zu Ihrem besten Lehrer.

Sinn

Bereits wenn Sie einige wenige Ziele erfolgreich verwirklicht haben, werden Sie sich die Frage nach dem Sinn stellen. Wozu ein Ziel nach dem anderen erreichen? Wozu überhaupt etwas erreichen? Wozu dieses Leben leben?

Wenn Sie trotz einem erfolgreichen Leben eine Art Leere verspüren, wenn Sie mehr echte Substanz und Qualität in Ihrem Leben möchten, wird es Zeit, einen Sinn zu finden.

Ein Sinn von Substanz und Qualität liegt immer darin, auf irgendeine Weise für andere da sein zu können. Sinn entsteht dort, wo Sie die Möglichkeit haben, sich in ein grösseres Ganzes einzufügen und so einen Beitrag zu leisten, der diesem Ganzen – und somit auch anderen – zugutekommt. Dieser Hinweis hilft Ihnen, Ihren eigenen Sinn zu finden: Finden Sie das grössere Ganze, dem Sie zugehören können, und finden Sie Ihre Rolle darin.

Einmal mehr hängt der Erfolg von Ihnen ab: Nur Sie selber können diesen Sinn finden. Sie können sich natürlich Unterstützung holen – auch hier ist es hilfreich, im Gespräch neue Perspektiven zu finden.

Ich wünsche Ihnen viel Erfolg!

Literatur

Andreas Ackermann, **Easy zum Ziel. Wie man zum mentalen Gewinner wird,** Verlag Peter Erd

Barbara Sher, **Ich könnte alles tun, wenn ich nur wüsste, was ich will,** dtv

Barbara Sher, **Wishcraft,** Edition Schwarzer

Bodo Schäfer, **Die Gesetze der Gewinner,** dtv

Christine Li, Ulja Krautwald, **Der Weg der Kaiserin. Wie Frauen die alten chinesischen Geheimnisse weiblicher Lust und Macht für sich entdecken,** Fischer Taschenbuch

Debbie Fords, **Schattenarbeit. Wachstum durch die Integration unserer dunklen Seite,** Goldmann

Erich Fried, **Gedichte,** dtv

Erich Fromm, **Die Kunst des Liebens,** Ullstein

Eugen Herrigel, **Zen in der Kunst des Bogenschiessens,** Otto Wilhelm Barth Verlag

Friedemann Schulz von Thun, **Miteinander reden 1. Störungen und Klärungen,** rororo

Gabriele L. Rico, **Garantiert schreiben lernen. Sprachliche Kreativität methodisch entwickeln – ein Intensivkurs auf der Grundlage der modernen Gehirnforschung,** rororo

Gerald Hüther, **Biologie der Angst. Wie aus Stress Gefühle werden,** Vandenhoeck & Ruprecht

Gisela Raffelsiefer, **Zwischen den Zeilen. Im Schreiben sich selbst entdecken: eine qualitative Studie zu psychologischen und therapeutischen Wirkungen des Tagebuchschreibens,** Lang

Hans-Peter Zimmermann, **Grosserfolg im Kleinbetrieb. Wie man einen Betrieb mit 1 bis 40 Mitarbeitern zum Erfolg führt,** Redline Wirtschaft

Jack Canfield, **Hühnersuppe für die Seele. Zum Kraftschöpfen,** Goldmann

Jed McKenna, **Verflixte Erleuchtung. Als Schmetterling unter Raupen,** Edition Spuren

José Silva, **Silva – Mind Control. Steigerung der Kreativität und Leistungsfähigkeit des menschlichen Geistes,** Ullstein

Khalil Gibran, **Der Prophet,** Piper

Kurt Tepperwein, **Praxisbuch Mental-Training. Entspannen • Neue Kraft schöpfen • Das Leben gestalten,** Heyne

Marshall B. Rosenberg, **Gewaltfreie Kommunikation. Eine Sprache des Lebens. Gestalten Sie Ihr Leben, Ihre Beziehungen und Ihre Welt in Übereinstimmung mit Ihren Werten,** Junfermann

Napoleon Hill, **Denke nach und werde reich. Die 13 Gesetze des Erfolgs,** Ariston

Paul Watzlawick, **Wie wirklich ist die Wirklichkeit?
Wahn, Täuschung, Verstehen,** Piper

Paulo Coelho, **Handbuch des Kriegers des Lichts,** Diogenes

Piero Ferrucci, **Werde was du bist. Selbstverwirklichung
durch Psychosynthese,** rororo

Pio Senn, **Geld und Spiritualität.
12 Grundsätze zu Glück und Erfolg,** SDG Verlag

Prentice Mulford, **Unfug des Lebens und des Sterbens,**
Fischer Taschenbuch

Richard G. Erskine, **Kontakt, Ich-Zustände, Lebensplan,**
Junfermann

Su Busson, **Das Leben ist einfach kompliziert.
6 Schritte zu Glück & Leichtigkeit,** Orac

Thilo Baum, **Mach Dein Ding!
Der Weg zu Glück und Erfolg im Job,** Eichborn

Thomas Anthony Harris, **Ich bin o.k., du bist o.k. Wie wir
uns selbst besser verstehen und unsere Einstellung zu
anderen verändern können: eine Einführung in die Trans-
aktionsanalyse,** rororo

Uwe Peter Kanning, **Selbstwertmanagement. Die Psycho-
logie des selbstwertdienlichen Verhaltens,** Hogrefe

Über den Autor

Patrick Erni

Systemischer Berater IGST
Systemischer Therapeut IGST
Mentaltraining, Intuitionstraining
Dirigent, Pianist, Komponist

Dank jahrelanger Weiterbildung und umfangreichen Privat-
studien erlangte Patrick Erni ein tiefes Verständnis der mentalen, emotionalen und zwischenmenschlichen Zusammenhänge. Er verbindet seine bestens trainierte Intuition mit den
praktischen Aspekten des Lebens und verhilft so seinen
Klienten zu bestmöglichen Resultaten.

Weitere Infos: www.allegroconsulting.ch